Für Jürgen, Ilse-Brigitte und Annette

Flessner / Noll / Rehling

Geschichte und Schicksal der Zigarrenkistenfabrik Gebr. Busch in Minden (Westf.)

Bibliografische Information der Deutschen Nationalbibliothek

Die Deutsche Nationalbibliothek verzeichnet diese Publikation in der Deutschen Nationalbibliothek; detaillierte bibliografische Daten sind im Internet über http://dnb.d-nb.de abrufbar:

Flessner, Hermann: Zigarrenkistenfabrik Gebr. Busch in Minden (Westf.)

Kopie eines Gemäldes von PAUL SEMBTNER, Minden, 1911
auf der Vorderseite des Einbandes

© 2014 Flessner, Hermann; Noll, Jürgen; Rehling, Hartmut
2. Auflage 2015

Herstellung und Verlag:
BoD – Books on Demand, Norderstedt
Umschlaggestaltung: Hermann Flessner
ISBN 978-3-7347-6248-2

Geschichte und Schicksal der Zigarrenkistenfabrik Gebr. Busch in Minden (Westf.)

Text: Hermann Flessner
          mit Jürgen Noll   und   Hartmut Rehling

Satz und Bildbearbeitung: Hermann Flessner

Zweite, durchgesehene und ergänzte Auflage

Hamburg, Februar 2015

Grußwort

Die Wahrung des regionalen Geschichtsinteresses, die Förderung von Forschung und Vermittlung der Geschichte der Stadt liegen im Interesse Mindens. Daher begrüße ich die nun vorliegende Publikation über die Firma Busch, Hersteller von Zigarrenkisten in Minden, die ein herausragendes Kapitel der lokalen Wirtschaftsgeschichte darstellt und nun in der Vortragsreihe des Mindener Geschichtsvereins erstmals präsentiert wird.

Hermann Flessner, der in einer Doppelfunktion zugleich Zeitzeuge und auch Wissenschaftler ist, schildert gemeinsam mit den Nachkommen der Unternehmerfamilie, Jürgen Noll und Hartmut Rehling, anschaulich die Geschichte der Firma Busch. Damit berührt er zugleich einen der wichtigsten Wirtschaftszweige des Standorts Minden, die Zigarrenindustrie und, mit ihr verbunden, die Herstellung der dafür nötigen Zigarrenkisten. Die Gründergeneration, die Gebrüder Busch, waren Spezialisten in der Holzverarbeitung mit einer guten Vernetzung mit dem Zigarren produzierenden Handwerk und benutzten für die Herstellung ab Mitte des 19. Jahrhunderts wegweisend Dampfmaschinen.

Die Autoren leisten einen wichtigen Beitrag zur regionalen Geschichtsforschung und -schreibung in bestem Sinne. Lokale historische Ereignisse, Personen und Bauwerke sind in dem Werk repräsentiert, der Leser begegnet beispielsweise dem einflussreichen Kommerzienrat Robert Noll. Auch vor erschütternden Ereignissen der Stadtgeschichte macht die Schilderung nicht Halt. So wird die Bombardierung des Mittellandkanals am 26. Oktober 1944, die der Autor Hermann Flessner als Zeitzeuge miterlebt hat, dargestellt, bei der im Luftschutzkeller Angestellte der Firma Busch und zehn dort tätige polnische Zwangsarbeiterinnen gestorben sind.

Diese breit angelegte Publikation fördert das Bewusstsein historischer Identität. Insofern dient das Werk insgesamt den gemeinsamen Zielen, das Interesse an regionaler Geschichte zu wahren und diese zu vermitteln. So bleibt Geschichte gegenwärtig und zeigt ihre Bedeutung für die Zukunft.

Michael Buhre
Bürgermeister der Stadt Minden

Vorwort

Während des Zweiten Weltkrieges erlebte die Stadt Minden am 24. Oktober 1944 mittags einen ersten gezielten Luftangriff durch amerikanische Bombenflugzeuge auf die über die Weser führende Mittellandkanalbrücke. Zwei Tage später folgte ein weiterer, besonders heftiger Angriff am frühen Nachmittag, der in kurzen Abständen zweimal zehn Minuten dauerte. Er hatte die fast vollständige Zerstörung der im südöstlichen Winkel zwischen dem Kanal und der Weser liegenden Zigarrenkistenfabrik Gebr. Busch zur Folge. Schmerzvoller noch als der materielle Schaden war der Tod fast aller Menschen, die sich in den Luftschutzkellern der Fabrik aufhielten. Das waren außer den Firmenangehörigen auch weitere Personen, die sich zum Teil nur zufällig gerade in der Nähe der Fabrik befanden und in deren Kellern Schutz suchten. Soweit sie nicht durch Bomben getötet worden waren, ertranken sie im Kanalwasser, das aus dem hoch liegend verlaufenden Mittellandkanal infolge eines Bombentreffers über das Firmengelände in die Keller und in die Weser strömte. Die Brücke über den Kanal war zwar beschädigt worden, nach wenigen Wochen aber wieder funktionsfähig. Den geplanten Zweck des Angriffs, die Brücke zu zerstören, hatten die US-Amerikaner also nicht erfüllen können.

Das schreckliche Ereignis liegt zur Zeit der Herausgabe dieses Buches siebzig Jahre zurück. Außer dem Autor, der damals 13 Jahre alt war, gibt es vermutlich niemanden mehr, der es auf dem Fabrikgelände der Gebr. Busch miterlebt hat. Weil ihm schon damals bewusst war, dass er das Erlebnis seinen engeren Verwandten, vor allem den Eltern, erzählen würde, die zu der Zeit nicht in Minden waren, hatte er die Vorgänge stichwortartig notiert und die Notizen aufbewahrt. Sie bilden die Grundlagen seiner Ausführungen in dieser Schrift zu dem Geschehen im Oktober 1944. Ansonsten hat er sich in seinen Gedanken davon allmählich freimachen können; anfängliche Albträume gibt es nicht mehr.

Wie es zu einem Wiederaufleben der Erinnerungen gekommen ist, wird im vorliegenden Buch an passender Stelle deutlich werden. Jedenfalls gab es für den Autor vor fünf Jahren Anlässe, gemeinsam mit Verwandten die Stelle des Geschehens einmal wieder zu besuchen. Das führte zu einem Bericht, den er für einige Interessenten verfasste und der im Mindener Tageblatt gekürzt als Zeitungsartikel erschien, den Robert Kauffeld geschrieben hatte. Den lasen auch noch lebende Nachkommen der Eignerfamilie der Firma Gebr. Busch, was zu einer Kontaktaufnahme mit ihnen führte. Man kam sehr schnell zu dem Entschluss, gemeinsam eine Veröffentlichung der Firmengeschichte der Zigarrenkistenfabrik Gebr. Busch in Angriff zu nehmen und im Oktober 2014 herauszugeben. Der Sohn Jürgen von Robert Noll jun., dem letzten Inhaber der Firma Gebr. Busch, hatte nämlich alle noch verfügbaren Firmenunterlagen gesammelt. Vieles war nach dem vernichtenden Bombenangriff zwar beschädigt, besonders vom Kanalwasser durchnässt worden, ist aber erhalten, wenn auch teilweise nur noch schwer lesbar. Er hat die Unterlagen zusammengestellt und dem Kommunalarchiv der Stadt Minden zur Aufbewahrung übergeben, wo sie von Dr. Monika Schulte fachgerecht archiviert worden sind und von Interessenten auf Anfrage eingesehen werden können, siehe die Auflistung im Anhang. Diese Dokumente bilden die Grundlage für dieses Buch.

Hermann Flessner hat ebenfalls Fotos und sonstige schriftliche Unterlagen aus seiner Familie verwendet, soweit sie in direktem Bezug zur Firma Gebr. Busch und ihren Eignerfamilien stehen. Für den Leser kann an einigen Stellen der Eindruck entstehen, dass diese Reminiszenzen etwas zu ausführlich sind. Man möge das verzeihen und akzeptieren, dass manche der Geschehnisse für das Verstehen der Zusammenhänge in der Entwicklungsgeschichte der Fabrik Gebr. Busch nötig sind, auch wenn sie beim schnellen Lesen unwichtig erscheinen. Immerhin war die Fabrik zu Beginn des zwanzigsten Jahrhunderts die größte ihrer Art in Deutschland und bildete einen wichtigen Wirtschaftsfaktor für Minden, wie aus mehreren Quellen, die in dieser Schrift auch zitiert werden, ersichtlich ist. Es ist bisher keine Publikation bekannt, in der beschrieben ist, wie und warum aus dem Dampfsägewerk in der engen Mindener Innenstadt die angesehene Fabrik am rechten Weserufer der Stadt wurde und sich, über die Zigarrenkistenproduktion hinaus, zu einem Furnierwerk entwickelte. Diese Lücke möchte Flessner mit den Mitautoren füllen. Die traurigen, schicksalhaften Vorgänge in Minden am Ende des Zweiten Weltkrieges sind zwar auch andernorts behandelt. Sie gehören aber selbstverständlich auch zur Geschichte der Fabrik und nehmen einen, wie die Herausgeber finden, angemessenen Raum im Inhalt dieses Buches ein.

Der Autor machte beim Zusammenstellen des Materials die Erfahrung, dass nach rund 70 Jahren auch ganz sicher vermutete Erinnerungen trügen können. Er legt deshalb besonderen Wert auf Authentizität. Namen, Zeitangaben, Bezüge etc. müssen auch dann belegt werden können, wenn sie in den Quellenangaben am Ende der Veröffentlichung nicht aufgeführt sind, sonst sind sie ausdrücklich als Vermutungen erkennbar gemacht oder haben in diesem Buch keinen Platz.

Für diese Veröffentlichung wurde ein Buchformat gewählt, das für den allgemein interessierten Leser am vorteilhaftesten erscheint. Leider sind dabei aber in einigen Abbildungen Feinheiten nur mit einer Lupe genau lesbar, wie zum Beispiel die Inschriften im Plan auf S. 51. Bei tiefer gehendem, historisch-wissenschaftlichem Interesse seien die im letzten Kapitel genannten Quellen und die im Kommunalarchiv Minden empfohlen.

In einem sind sich der Autor und seine Mitautoren einig, nämlich dass sich die Firma Gebr. Busch in der ganzen Zeit ihres Bestehens ein besonders positives Ansehen erworben hatte. Das hohe Berufsethos und das soziale Verantwortungsbewusstsein der Firmeninhaber und aller ihrer Mitarbeiter waren in der Stadt Minden und weit darüber hinaus bekannt. Damit wird auch verständlich, dass nach der Zerstörung der Fabrik, die überlebenden Mitarbeiter, selbst im Rentenalter, angeboten hatten, beim Wiederaufbau zu helfen und ihre Arbeit in der Fabrik wieder aufzunehmen.

Diese Schrift wurde verfasst und herausgegeben mit dem Anliegen und in der Hoffnung, dass das Andenken an die Personen, die dieses Unternehmen gegründet, geführt und verkörpert hatten, wach bleibt und dabei der Menschen gedacht wird, die bei der schicksalhaften Zerstörung der Fabrik ihr Leben lassen mussten.

Hamburg, Oktober 2014   H. Flessner, J. Noll, H. Rehling.

Vorwort zur 2. Auflage

Am 21. Oktober 2014 fand die Präsentation der ersten Ausgabe dieses Buches durch den Autor auf Einladung des Mindener Geschichtsvereins im Preußen-Museum NRW in Minden statt. Die Veranstaltung wurde in der Öffentlichkeit mit beachtlichem Interesse aufgenommen. In der anschließenden Diskussion und in den Wochen danach kamen viele Hinweise und Erweiterungsvorschläge. Auch waren von Mitgliedern der Familie Noll bis dahin noch verschollene Schriftstücke gefunden worden. Wenn auch inhaltliche Korrekturen nicht erforderlich waren, so wurde es doch sinnvoll, ja sogar notwendig, bald alles, was davon in direktem Bezug zur Kistenfabrik steht, in eine neue, ergänzte Auflage einzuarbeiten. Selbstverständlich sollten dabei noch übersehene Satz- und Rechtschreibfehler behoben werden. Das wurde inzwischen erledigt und die 2. Auflage des Buches liegt nun hiermit vor.

Das Buch hat ein weiteres 11. Kapitel mit der Bezeichnung „Anhang" erhalten. In ihm ist zu Beginn der Fotoabzug einer Original-Luftaufnahme der US Airforce gezeigt, die durch die gut erkennbaren Bombentrichter eindrucksvoll deutlich macht, dass die größte Menge der Bomben nicht auf die Mittellandkanalbrücke und deren nächste Umgebung fiel, sondern ungefähr 500 Meter weiter in nordöstlicher Richtung auf den südlichen Bereich des benachbarten Dorfes Leteln.

Da zunehmend deutlich wurde, dass das Buch nicht nur eine chronologisch geordnete Erzählung mit viel persönlich Erlebtem enthält, sondern eine brauchbare Grundlage für historisch-wissenschaftliche Quellforschung bietet, wurde erstens auf der nächsten Seite im Anhang eine Zusammenfassung der zeitlichen *Daten zur Geschichte der Zigarrenkistenfabrik Gebr. Busch* aufgenommen und zweitens aus gleichem Grunde auf drei Seiten das komplette Findbuch aus dem Kommunalarchiv Minden mit allen archivierten Unterlagen zur Firma *„Zigarrenkistenfabrik / Furnierwerk Gebrüder Busch"* chronologisch aufgelistet. Es enthält die allgemein zugänglichen Quellen zur Firma Gebr. Busch für eventuelle, weitergehende historische Forschungen.

Hamburg, Februar 2015 H. Flessner

Inhaltsverzeichnis   *Seite*

1.	Einleitung	2
2.	Gründung des Unternehmens	5
3.	Umzug aus der Innenstadt an das rechte Weserufer	12
4.	Entwicklung der Fabrik mit technischem Fortschritt	21
5.	Erfolgreiche Zeiten	33
6.	Neues politisches Umfeld	66
7.	Alltag am Kohlenufer — Ruhe vor dem Sturm	78
8.	Bombenangriffe auf die Fabrik Ende 1944	87
9.	Neubeginn und Ende der Firma Gebr. Busch	111
10.	Nachbemerkung	130
11.	Anhang	133
12.	Quellen und Anmerkungen	138

Einleitung

Die Geschichte der Zigarrenkistenfabrik Gebr. Busch erstreckt sich über einen Zeitraum von 120 Jahren, von der Gründung 1845 bis zur Abwicklung des Unternehmens im Jahre 1965. Neben dem üblichen Betrieb in einem Dampfsägewerk, in dem Stämme zu Kanthölzern, Bohlen und Brettern geschnitten wurden, war der Hauptgeschäftszweck die Herstellung von Zigarrenkisten. Zur Einführung sei in einem groben Überblick beschrieben, wie das ablief.

Vertikalsäge, Fabrikat Kirchner - Leipzig, für das Schneiden von Furnierblättern. Hier schon Antrieb mit einem Elektromotor
Quelle: [23]

Zunächst stellte man im Sägewerk aus dem Stammholz sehr dünne Bretter her, sogenannte Furnierblätter. Das geschah in Minden in der ersten Zeit nur durch ebenfalls dampfbetriebene Sägemaschinen. Die Furnierblätter wurden passgerecht zu Holzbrettchen geschnitten, die je nach Zigarrensorte, -form und -menge ganz unterschiedliche Maße haben konnten. Dem folgte das Zusammennageln, wenn das nicht vom Kunden selbst erledigt wurde. Bei fertigen Kisten kam oft als letzter Arbeitsschritt noch die marktgerechte Aufmachung durch das Bekleben mit meist sehr kunstvollen Etiketten hinzu, welche die Kunden bereitstellten. Später wurde mit dem Aufkommen von Schälmaschinen die Produktion von Schälfurnieren aufgenommen. Wie sich in den späteren Kapiteln zeigen wird, waren die damit verbundenen Vorgänge keineswegs einfach.

Als die Zigarren nach dem Ersten Weltkrieg mengenmäßig durch Zigaretten verdrängt worden waren, wurden in der Kistenfabrik Gebr. Busch überwiegend Schälfurniere für die Möbelindustrie gefertigt. Während des Zweiten Weltkrieges wurde aus den Schälfurnieren außerdem Sperrholz für kriegswichtige Anwendungen hergestellt; nach 1945 ausschließlich Schälfurniere für Kunden aus den Branchen der Möbelindustrie, dem Innenausbau und dem Tischlerhandwerk.

Blicken wir jetzt zurück ins 19. Jahrhundert: auf die Entstehung der Zigarrenindustrie und der damit verbundenen Kistenfabrikation. Wie hat es sich ergeben, dass das Land Ravensberg und die Kreise Minden und Lübbecke so anziehend auf die neu entstandene Zigarrenindustrie wirkten? In den einschlägigen Quellen [5] bis [8] erhält man die Antwort. Verursacht vor allem durch die Industrialisierung der Baumwollspinnerei und der Textilherstellung, die von England ausging, entstand eine übermächtige Konkurrenz gegen Anbau von Flachs und seine Weiterverarbeitung zu Leinen. Momburg beschreibt in [5] ab Seite 11, wie dadurch Anfang des 19. Jahrhunderts auch im Minden-Lübbecker Land langsam aber zunehmend eine große Arbeitslosigkeit und Armut entstand. Als sich die Tabakverarbeitung, besonders aber die Zigarrenindustrie entwickelte, konnte man als Zigarrenmacher viele Arbeitskräfte einsetzen, die durch die vorbeschriebene Entwicklung ihre Arbeit verloren hatten. Sie waren wegen der grassierenden Not für geringeren Lohn zu haben als in Gegenden, in denen bessere Arbeitsbedingungen herrschten. Vor allem als Heimarbeiter, die zunächst meistens durch erfahrene Zigarrenmacher aus Bremen und Hamburg eingearbeitet wurden. – Die Entwicklung der Kistenfabrikation für Zigarren kam gewissermaßen „im Schlepptau" hinterher und schuf ebenfalls neue Arbeitsplätze.

Wie kam es nun dazu, dass sich der Autor Hermann Flessner für das Thema „Zigarrenkistenfabrik Gebr. Busch" interessierte? Da beginnt eine sehr persönliche Geschichte. Als im Jahre 2005 die 2. Auflage des Buches „Die verdunkelte Stadt" von Nordsiek erschienen war, wurde der Autor von Mindener Verwandten darauf aufmerksam gemacht. Sie empfahlen ihm, sich das Buch einmal genauer daraufhin anzusehen, was dort über die Bombenangriffe auf die Mittelandkanalbrücke am 26. Oktober 1944 stehe, er sei ja dabei gewesen. Er kaufte sich das Buch [1] und fand ab Seite 135 ff. eine Darstellung, welche die von ihm erlebten Vorgänge weitgehend genauso beschrieb, wie er sie wahrgenommen hatte, wenn auch aus anderer Sicht. Einige Zusätze erklärte er Dr. Nordsiek in einem Brief und schrieb selbst einen kleinen Bericht über seine Erinnerungen zu den Bombenangriffen.

Es waren danach ein paar Jahre vergangen. Sein Bericht hatte in Minden inzwischen einige Interessenten gefunden, als er mit einem seiner Verwandten den Gedenkstein für die durch den Bombenangriff umgekommenen Menschen am Grundstück des ehemaligen Fabrikgeländes besuchte. Der Verwandte Robert Kauffeld kürzte den Bericht und schrieb ihn zu einem Zeitungsartikel um, der am 26.11.2011 im Mindener Tageblatt erschien.[2] Diesen Artikel lasen auch die noch lebenden Nachkommen der Eignerfamilie der Kistenfabrik Gebr. Busch, die jünger als der Autor sind und ihn nie persönlich kennengelernt hatten, obwohl das grundsätzlich möglich gewesen wäre. Sie nahmen Kontakt mit dem Autor auf und vereinbarten mit ihm einen Termin zum gegenseitigen Kennenlernen. Man traf sich in Minden und kam in bestem Einvernehmen gemeinsam zu dem Entschluss, das umfangreiche Material, welches der älteste der direkten Nachkommen, Jürgen Noll, gesammelt und dem Kommunalarchiv zu Minden (im folgendem stets KAM) zur Aufbewahrung übergeben hatte, mit den Nachlässen des Autors zu vereinen und aufzubereiten. Daraus entstand die nun vorliegende Schrift.

Der Autor dieser Veröffentlichung Hermann Flessner wurde am 31.12.1930 in Hamburg geboren. Die Eltern stammten beide aus Minden. Seine Mutter war die jüngste Tochter von Carl Strathmann, Werkmeister und Teilhaber der Fabrik Gebr. Busch. Er verbrachte als Kind fast jedes Jahr seine Sommerferien bei seinen Verwandten in Minden und sein Schuljahr 1943/44 an der Mindener Bessel-Oberrealschule. Die Bombenangriffe auf das Wasserstraßenkreuz Minden im Oktober und November 1944 erlebte er hautnah und überstand sie unbeschadet im Keller des Hauses seiner Großeltern auf dem Fabrikgelände der Firma Gebr. Busch. Kaum vorstellbar, wenn man sich erinnert, dass viele Menschen in unmittelbarer Nachbarschaft einen schrecklichen Tod fanden. Der Autor ist vermutlich der Letzte noch Lebende, der diesem Inferno auf dem Fabrikgelände entkommen ist. Er und seine Helfer hoffen und wünschen, dass die nun vorliegende Schrift einen interessanten Beitrag zur Industrie- und Kulturgeschichte des Minden-Lübbecker Landes liefert und das Wissen um das Schicksal der Fabrikangehörigen wach hält.

Gründung des Unternehmens

Unter diesem Bekenntnis

grüßt der Kaufmann Johann Heinrich Busch seine Geschäftspartner zum 1. Januar: „1845 – Kröne alle IHRE Unternehmungen mit dem besten Erfolg. J.H. Busch." Die nachstehende Abbildung zeigt die kunst- und eindrucksvolle Grußkarte mit den schönen Allegorien. Das Jahr 1845 gilt auch als Beginn der Firma Gebrüder Busch. Die Brüder Johann Heinrich Busch, geb. 2.6.1816, und Julius Busch, geb. 12.4.1819, gründeten in dem Jahr die Firma mit dem Dampfsägewerk in Minden an der Lindenstraße. Der Vater der beiden, Johann Heinrich Busch sen., lebte als Kaufmann schon in Minden in der Marienstraße 6, wo auch die beiden Söhne geboren wurden.

Die Vorfahren stammten von einem Bauernhof im Dorfe Barrien. Dies liegt ungefähr 15 km südlich von Bremen, wurde 1974 als Gemeinde in die Stadt Syke eingegliedert und ist inzwischen zu einer Ortschaft mit über 5000 Einwohnern angewachsen.

Beide Brüder hatten als Kaufleute gemeinsam mit dem Kaufmann Gustav Hildebrandt in Minden bereits die Schwefelsäurefabrik Busch & Hildebrandt gegründet, ebenfalls so um 1845. Sie lag auf der rechten Weserseite, fast schon in Leteln am damals sogenannten Kohlenufer, in einer nicht klar beschriebenen Verbindung mit einer dort bereits vorhandenen Zuckerfabrik. Jedenfalls war schon 1847 die Schwefelsäurefabrik als eigenständiges Unternehmen in der Handelskammer Minden eingetragen und wurde bald darauf als *Chemische Fabrik, J.H. Busch* bezeichnet. Ihr Produktionsbetrieb in Minden wird um 1870 jedoch eingestellt. 1880 wird die Firma zwar noch unter der Adresse Kleiner Domhof 6 [in Minden, d. Autor] genannt. Mit der Registrierungsangabe 1888/95 ist sie im Handelsregister Minden unter derselben Adresse auch noch eingetragen, jedoch mit Sitz in Bielefeld-Brackwede.

Die Gründer

Johann Heinrich Busch   1816 – 1888   *Julius Busch   1819 – um 1900*

Der ältere der Brüder Busch, Johann Heinrich, Fabrikbesitzer und inzwischen Stadtrat in Minden, wohnte mit seiner Familie im Hause Kleiner Domhof 8. Er hatte zwei Kinder, die Tochter Elise, die den Kaufmann Robert Noll heiratete, und die Tochter Marie, die den Pastor Rudolf Krüger ehelichte, der später Superintendent wurde.

Diese Angaben und weitere Unterlagen stammen aus der umfangreichen Dokumentation BAU- UND KUNSTDENKMÄLER VON WESTFALEN[3], ab Seite 1422 ff., aus den Unterlagen des Kommunalarchivs Minden (KAM) und dem Privatbesitz von Jürgen Noll, dem Sohn des letzten Inhabers der Firma Gebrüder Busch.

Zurück zum Ursprung des Dampfsägewerkes der Gebrüder Busch in Minden. Es ging aus einer Holzhandlung hervor, die der Vater der beiden, Fabrikant Johann Heinrich sen., um 1831 entweder erworben oder selbst gegründet hatte. Sie lag zur Gründungszeit an der Lindenstraße, etwa zwischen der Rückseite des Hotels Victoria und der heutigen Sparkasse Minden, dem Haus, das ehemals dem späteren Kommerzienrat Robert Noll gehörte. – In dem Ausschnitt des aus dem Jahre 1860 stammenden Plans des Altstadtbereiches der Stadt Minden[4] ist die Lage des Grundstücks eingezeichnet, auf dem das damalige Sägewerk eingerichtet worden war.

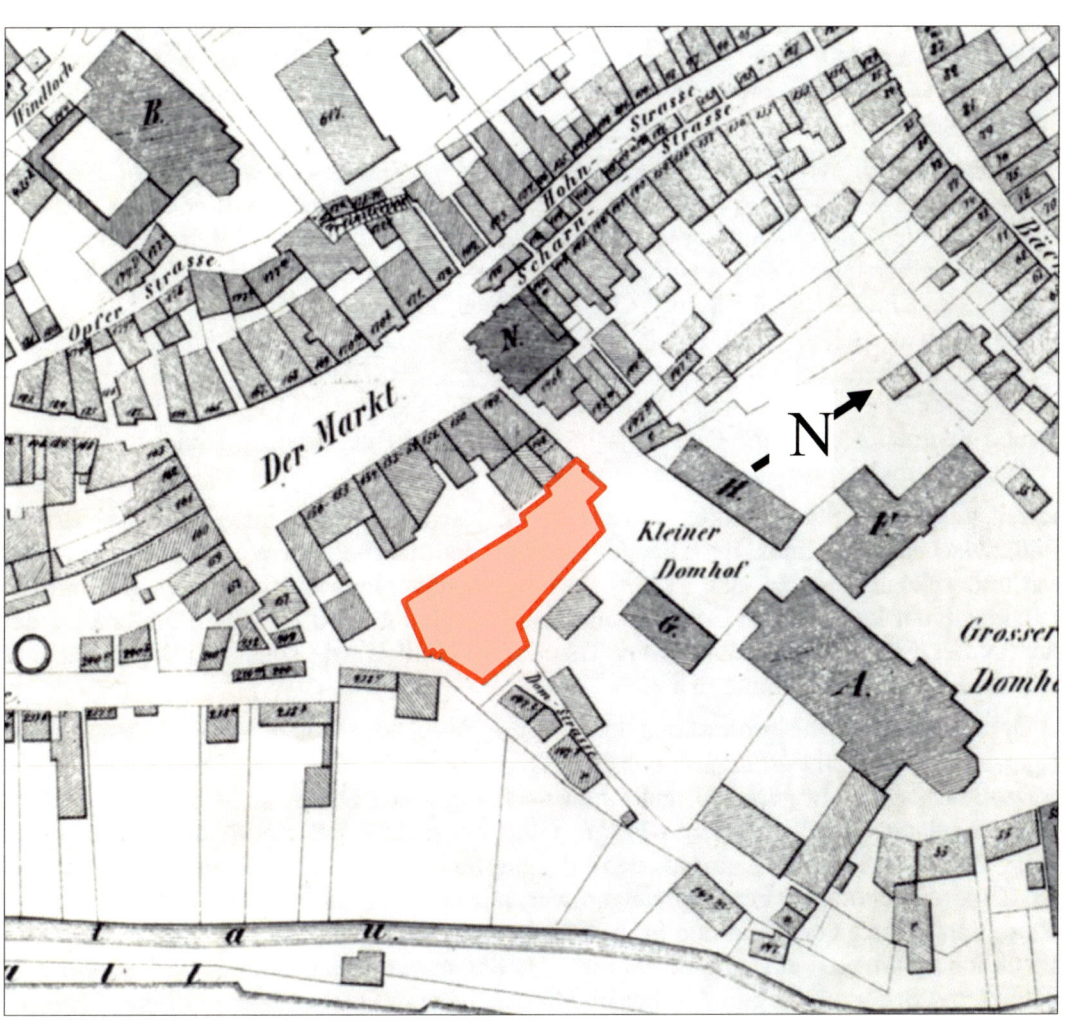

Ausschnitt aus dem Plan der Altstadt von Minden 1860.
Auf dem rot markierten Gelände befand sich das ursprüngliche Dampfsägewerk

Durch die Heirat am 4. August 1874 zwischen Elise Busch und Robert Noll sen. kommt es zur Verbindung zwischen der Firma Gebrüder Busch und der Familie Noll. Robert Nolls Vater Friedrich war in Minden »Tabakspinner«; er wird in privaten Unterlagen auch als Zigarrenfabrikant bezeichnet. Die Familie Noll stammt aus dem hessischen Großalmerode. Elias Noll, Friedrichs Vater und damit Roberts Großvater, wurde dort 1772 geboren und starb 1822 in Minden. Er hat also die Familie nach Minden gebracht. Die damaligen Tabakspinner bildeten eine eigene, durchaus angesehene Berufsgruppe mit schon 1749 erteiltem Innungsprivileg und waren in Bielefeld, Minden und Herford, aber auch in weiteren Orten im Ravensberger Land wie Bünde, dem nördlich gelegenen Preußisch Oldendorf und um Lübbecke herum ansässig.[5] Im Vorgriff auf einen Artikel im „Mindener Tageblatt" vom 14. Mai 1927 aus Anlass des 80. Geburtstages von Kommerzienrat Robert Noll sei daraus dessen beachtlicher Ausbildungsgang mit den wichtigsten Stationen zitiert:

„Rob. Noll, ein Kind unserer Stadt, geboren am 14. Mai 1847 als Sohn des Fabrikbesitzers Friedr. Noll, widmete [er] sich nach Absolvierung des hiesigen Realgymnasiums dem Kaufmannsstande und erhielt seine berufliche Ausbildung in Hamburg, Halberstadt und Amsterdam. Der militärischen Dienstpflicht genügte Herr Noll beim Fuß-Artillerie-Regt. Nr. 7 in Minden und nahm 1870/71 am Kriege gegen Frankreich teil. Nach seiner Verheiratung im Jahre 1874 mit Fräulein Elise Busch wurde er Teilhaber der Kistenfabrik Gebr. Busch, übernahm nach dem Ableben seines Schwiegervaters auch die chemische Fabrik J.H. Busch in Brackwede und übernahm im Jahre 1889 in Minden unter seinem Namen [offiziell] die bekannte Kunstwollfabrik am Kohlenufer",

soweit aus dem Zeitungsartikel, s. Seite 61 ff. Nach den Archivunterlagen war Robert Noll zwischenzeitlich auch bei Theodor Rocholl, der ursprünglich Weinvertreter gewesen war und 1826 in Minden eine Tabak- und Zigarrenhandlung eröffnet hatte, beschäftigt, wenn auch nur kurz. Dieses Geschäft entwickelte sich um 1830 zur Zigarrenfabrik, in der auch Vater Friedrich Noll tätig war. Theodor Rocholl wurde sogar Mitbegründer und Präsident der Handelskammer Minden.[6]

Interessant sind die grundsätzlichen Fragen: Wie kam es dazu, dass in Deutschland Zigarren geraucht und produziert wurden? Und warum wurden nach dem Zweiten Weltkrieg mehr Zigaretten geraucht und kaum noch Zigarren? Dieses steht offensichtlich im Zusammenhang mit der weiteren Frage: Ging es in der 1845 gegründeten Fabrik der Gebr. Busch, in der die Zigarrenkistenfertigung aus einer Abteilung innerhalb einer reinen Zigarrenmanufaktur hervorgegangen war, nur noch um die meistens hölzerne Verpackung von Zigarren oder wurden in dem übernommenen Dampfsägewerk auch weiterhin die üblichen Arbeiten ausgeführt, nämlich das Sägen von Langstämmen zu Kanthölzern, Bohlen und Brettern? Es gibt darüber in den verfügbaren Quellen keine sicheren Hinweise. Wahrscheinlich nahm das Langholzsägen stetig ab, denn 22 Jahre später ist in dem Artikel über das verheerende Feuer im Jahre 1867 nur noch von der »Cigarrenkistenfabrik der Gebrüder Busch« die Rede, obwohl in den Briefköpfen der Firma weiterhin die Bezeichnung »Dampfsägerei« erhalten blieb (s. Seite 21, 35 u. 37). Das war sicher auch richtig, denn sogar später am rechten Weserufer wurden zunächst die Sägen und sonstigen Maschinen weiterhin mit Dampfkraft angetrieben.

Hier sei ein kurzer Abschnitt über den Aufstieg und den Niedergang der Zigarre und der Zigarrenindustrie in Deutschland eingefügt. Dazu nachstehend eine verkürzt zusammengefasste, weitgehend wörtlich übernommene Darstellung aus der Quelle [7], mit besonderem Hinweis auf den letzten Absatz:

„Als Vater der in Deutschland hergestellten Zigarre gilt der Hamburger Kaufmann Hans Heinrich Schlottmann, der 1788 die erste deutsche Zigarrenmanufaktur gründete. Es hieß, dass die Hamburger dieses neue Genussprodukt nur zögerlich annahmen, man rauchte Pfeife oder kaute Tabak. Um dem abzuhelfen, griff Schlottmann zu einem Trick. Er verschiffte seine Zigarren ab Cuxhaven nach Amerika und reimportierte sie nach Hamburg. „Gutes Marketing mit Image-Werten funktionierte schon vor Jahrhunderten." (siehe Zigarren aus Deutschland in [6]).

Ab der Mitte des 19. Jahrhunderts stieg der Zigarrenkonsum in ganz Europa und Nordamerika gewaltig. Die Produktion von Zigarren hatte in Deutschland besonders in dem Gebiet zwischen Minden, Vlotho, Herford, Bünde und Lübbecke eine hervorragende wirtschaftliche Bedeutung und verschaffte tausenden von Menschen Lohn und Brot. Aber es gab auch andere Konzentrationen von Zigarrenfabriken in Deutschland. Vor allem dort, wo Heimarbeiter gewonnen werden konnten, das hieß vorrangig in ländlichen Gebieten. Deutschland hatte im Jahre (1891) 4.703 Zigarrenfabriken mit 108.590 Arbeitern und 30.000 Heimarbeitern.[8] Das steigerte natürlich auch den Bedarf an Betrieben, in denen Zigarrenkisten produziert wurden.

Bald galt die Zigarre als Statussymbol. Das westfälische Städtchen Bünde wurde zur Zigarrenhauptstadt Deutschlands. Auf dem Höhepunkt der Produktion Anfang des 20. Jahrhunderts arbeiteten in Bünde und Umgebung zehntausende Menschen in der Tabakverarbeitung, zum großen Teil in Heimarbeit. Bünde galt, gemessen am Pro-Kopf-Einkommen, als reichste Stadt Deutschlands, wenngleich der Reichtum auch sehr unterschiedlich verteilt war. Allein im Stadtbereich gab es über 100 Manufakturen, von denen heute nur noch sehr wenige übrig geblieben sind.

Die Gründe für den Rückgang liegen im Verbot, Zigarren-Wickelmaschinen einzusetzen, und im Siegeszug der Zigarette nach dem Zweiten Weltkrieg. Das Maschinenverbot war während der Weimarer Republik noch unter Reichskanzler Brüning eingeführt worden und sollte Arbeitsplätze schützen." [6]

Es muss schon relativ früh eine wie auch immer geartete Zusammenarbeit zwischen den beiden Brüdern Busch mit ihrem Dampfsägewerk und den Zigarrenmanufakturen in der Mindener Region gegeben haben. Denn ihr Sägewerk stellte mindestens seit 1854 bereits 50.000 Zigarrenkisten im Jahr her, das sind rund 160 Zigarrenkisten pro Arbeitstag, unter Einsatz von Dampfmaschinen mit Beschäftigung von etwa 100 Personen, so beschrieben in [3], Seite 1424. Wahrscheinlich war damit auch die nun vorrangige Ausrichtung des Sägewerks der Gebr. Busch auf das Zuschneiden von Brettchen für die Herstellung von Zigarrenkisten verbunden. Momburg schreibt in [5] auf Seite 20: „Bald danach

[1844, d. Autor] verselbständigte sich die Kistenfertigung in Minden. Vorreiterin des neuen Produktionszweiges war die Firma Gebr. Busch, …".

Im Jahre 1865 verließ der noch junge Robert Noll sen., er war ungefähr 18 Jahre alt, die Fa. Rocholl und wechselte zur Firma Leonhardi & Noll in der Lindenstraße 18, die Julius Friedrich Leonhardi (»Fritz«) mit Roberts Vater Friedrich Noll 1858 gegründet hatte; sie firmierte bald darauf als *Cigarrenfabrik Leonhardi & Noll*. Die Firma gliederte sich fortan in die eigentliche Zigarrenproduktion in der Lindenstraße 18 und in einen Zweigbetrieb mit der Adresse Kleiner Domhof 8, in welchem die Kisten für Zigarren hergestellt wurden. Drei Jahre nach der Zusammenarbeit mit Leonhardi übernahm Sohn Robert Noll diesen Zweigbetrieb und gründete 1868 damit seine eigene Zigarrenkistenfabrik.[9] Zwischenzeitlich war Robert Noll Soldat und nahm auch aktiv am Kriege 1870/71 gegen Frankreich teil, wie im Auszug aus dem Zeitungsartikel auf Seite 8 bereits beschrieben wurde.

Von tragischer Bedeutung für das Schicksal der Firma Gebrüder Busch ist der verheerende Brand am 6. Februar 1867, bei dem das Fabrikgebäude der Dampfsägerei und Zigarrenkistenfabrik vollständig abbrannte. Das Minden-Lübbecker Kreis-Blatt schreibt gleichen Datums darüber:

> Minden, 6. Febr. Heute früh, bald nach 3 Uhr, wurde die Einwohnerschaft Mindens durch die Alarmsignale der Nachtwächter, durch das Gewimmer der Feuerglocke und das Getöse des Generalmarsches aus der nächtlichen Ruhe aufgeschreckt. Es ließ dies Alles auf ein erhebliches Feuer schließen, was sich denn auch bestätigte. Die am kleinen Domhofe belegene Cigarrenkistenfabrik der Gebrüder Busch stand in vollen Flammen. An ein Löschen dieser war bei der Menge leicht brennbarer Stoffe die dieselbe enthielt, nicht zu denken. Die ganze Bemühung mußte darauf gerichtet werden, die Nachbarhäuser und die im Hofe lagernden Holzvorräthe zu schützen, was der angestrengten Thätigkeit der Feuerlöschmannschaften, trotz des ziemlich heftigen Windes glücklicherweise auch gelang. Von dem Fabrikgebäude sind die Umfassungsmauern, welche indessen sehr beschädigt sind und größtentheils abgebrochen werden müssen, sowie der Schornstein und das Maschinenhaus stehen geblieben. Durch dieses Brandunglück ist mancher Familienvater brodlos geworden und wird es Monate dauern, ehe die alte Thätigkeit wieder ergriffen werden kann; aber auch die Besitzer haben einen ganz empfindlichen Schaden erlitten, denn ist die Fabrik auch entsprechend versichert, so werden sie durch das Stillliegen des Fabrikbetriebes und das nutzlose Lagern der bedeutenden Holzvorräthe pecuniär doch fühlbar getroffen. — Es war ein stattliches, dreistöckiges Gebäude. Nach dreistündigem Brande eine Ruine. — Mit Schiller kann man sagen: "In den öden Fensterhöhlen wohnt das Grauen und des Himmels Wolken schauen hoch hinein."

Die Brüder Johann Heinrich und Julius Busch waren als Unternehmer stets außerordentlich aktiv. Ob nach dem Brand von 1867 ein Wiederaufbau am alten Platze in der Innenstadt von Minden noch ernsthaft betrieben wurde, ist den vorhandenen Unterlagen nicht zu entnehmen. Die Brüder besaßen aber auf der rechten Weserseite am Kohlenufer schon seit 1845 die Schwefelsäurefabrik, ab 1865/68 als Chemische Fabrik von J.H. Busch bezeichnet, und weitere Ländereien, auf denen nach ihren Planungen neue Fabrikanlagen entstehen sollten. Zu der Zeit war Minden aber noch Festung. Eine Bebauung östlich vom schon länger bestehenden Brückenkopf und den Bauten der bereits 1847 fertig gestellten und in Betrieb genommen Köln-Mindener Eisenbahn war grundsätzlich noch nicht freigegeben. Es existierten noch die vorgelagerten Festungsanlagen mit den drei Forts A, B und C, für die in grob östlicher Richtung 600 Meter tiefe Rayons (Schussfelder) freigehalten werden mussten. Es bestanden allerdings schon von 1851 bis 1876 die Mindener Zuckerfabrik, die bereits erwähnte Chemische Fabrik J.H. Busch und von 1858 bis 1883 auf Letelner Gebiet eine Knochensiederei, die später Dünger- und Leimfabrik wurde. Denn alle außerhalb des Rayons nördlich befindlichen Gelände auf der rechten Weserseite waren für Gewerbeansiedlungen vom Bebauungsverbot ausgenommen. Sie befanden sich in dem unten gezeigten Plan in der rechten oberen Ecke am Kohlenufer. Ein weiterer Ausbau über das schon Vorhandene stagnierte jedoch. Es gab Wohnbebauung, aber der Ausbau zu einem mit Wohngebäuden durchsetzten Gewerbegebiet fand noch nicht statt, siehe [3], Seite 1256.

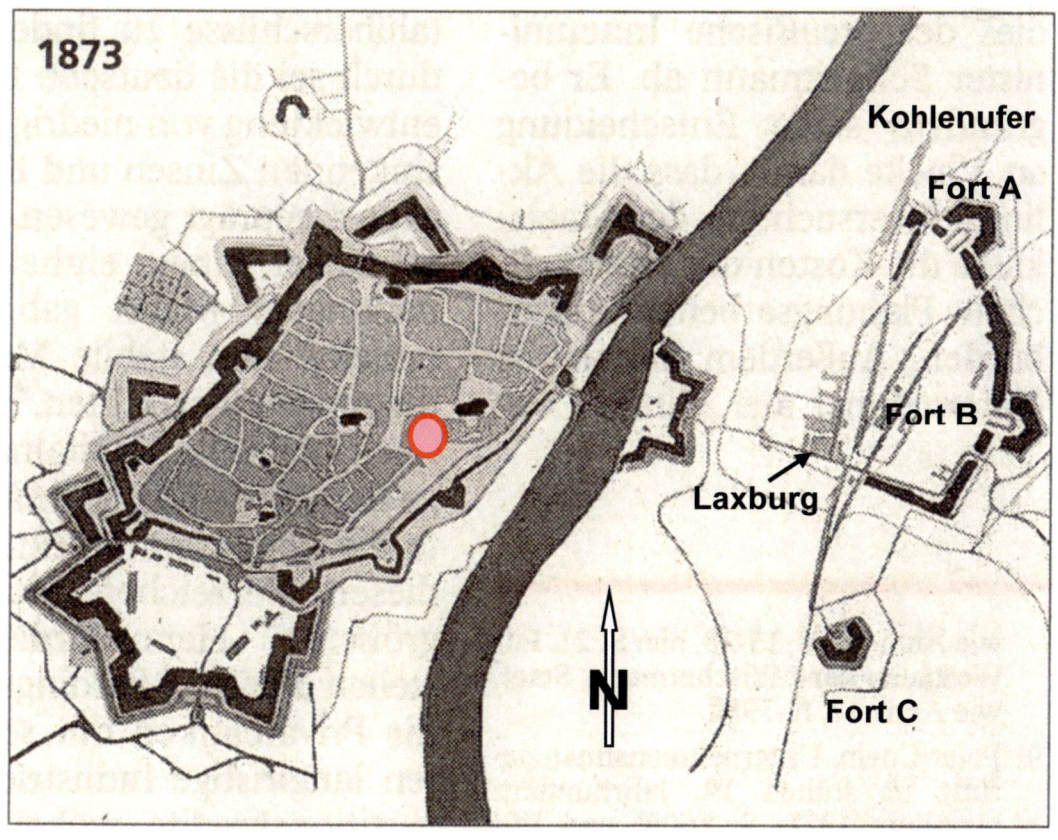

Ausdehnung der Stadtfestung Minden 1873 mit der Bahnhofsfestung östlich des rechten Weserufers.   *Quelle: Mindener Museum*

Die Lage des abgebrannten Sägewerks innerhalb der Altstadt ist rot markiert

Umzug aus der Innenstadt an das rechte Weserufer

Die räumlich einengenden Verhältnisse änderten sich nach der Entfestigung der Stadt Minden aufgrund des Reichsgesetzes vom 30. Mai 1873 zur Aufhebung der Festungen im Königreich Preußen. Die Wallanlagen der Stadt Minden um die Altstadt herum wurden in Glacis-Anlagen umgewandelt und die Forts des Militärs auf der rechten Weserseite im Bereich der Neustadt auch für eine zivile Bebauung bzw. Nutzung freigegeben. Es folgte eine rege Bautätigkeit in der Neustadt auf der rechten Weserseite, die auch durch die neue Verkehrsanbindung dieses Gebietes an die Eisenbahn begünstigt wurde. Innerhalb der Neustadt sind im vorstehend gezeigten Plan schon die ersten Häuser der Laxburg eingezeichnet.

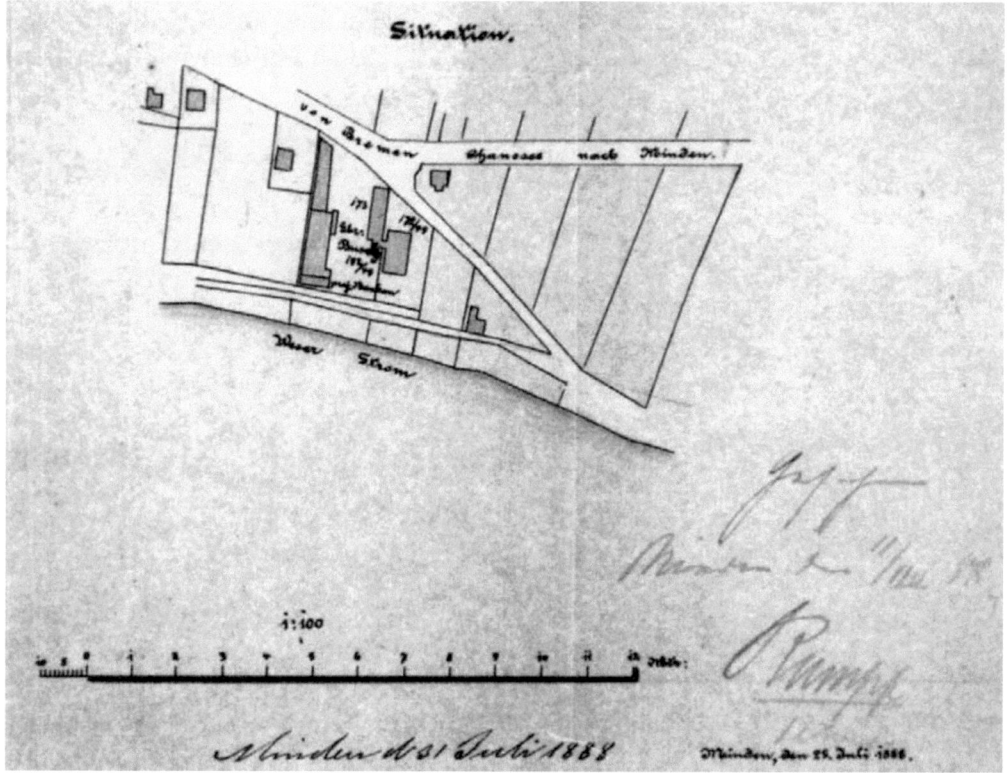

Schon ab Anfang der 1860er Jahre wurde die Fa. Gebr. Busch Zug um Zug an die Friedrich-Wilhelm-Straße in den Bereich verlegt, der nach etlichen Umplanungen die Hausnummer 117 erhielt, siehe [3], Seite 1423. Man sieht oben im Grundriss den ungefähren Planungszustand des zur Verfügung stehenden Geländes mit den schon vorhandenen Gebäuden der Chemische Fabrik J.H. Busch; die Zigarrenkistenfabrikation folgte erst um 1867. Man hatte dort, besonders aber nach dem Brand der Fabrik in der Innenstadt am kleinen Domhof, zunehmend weiteres Gelände erworben, auf dem zusätzlich zu den ersten Bauten weitere Gebäude errichtet werden sollten. Die Zeichnung trägt zwar das Datum 1888, ist aber wohl schon viel früher angefertigt und im angegeben Jahre für die Genehmigung von Anbauten ergänzt worden (das Datum des diesbezüglichen, handschriftlichen Sichtvermerks ist auch auf dem originalen Archivexemplar nicht mehr zu interpretieren). In der Zeichnung ist übrigens rechts unten in der Wegegabelung auch das Haus eingezeichnet, in das die Großeltern des Autors, der Werkmeister Carl Strathmann mit seiner Frau, 1886 eingezogen waren. In ihm erlebten Großvater und Enkel gemeinsam 58 Jahre später den Bombenangriff am 26. Okt. 1944, wie im Kapitel 8 noch ausführlich beschrieben wird.

Die 1868 gegründete eigene Fabrik musste Robert Noll wegen seiner Teilnahme am Kriege 1870/71 zeitweilig verlassen bzw. in andere Hände geben. Über seine Tätigkeiten nach seiner Rückkehr ist nichts Besonderes vermeldet. Man kann aber annehmen, dass er in einer Zusammenarbeit mit den Brüdern J.H. und J. Busch nach und nach wichtige Aufgaben übernommen hatte. Denn spätestens im Jahre 1874 war Robert Noll ganz in das betriebliche Geschehen der nun an der Friedrich-Wilhelm-Straße 117 gelegenen Fabrik eingebunden. In dem Jahre heiratete er Elise Busch, Tochter des Johann Heinrich Busch, der einer der beiden Inhaber der Firma Gebrüder Busch war. Robert Noll wurde in einem Zusammenarbeits-Kontrakt dann auch verbindlich in die Geschäftsleitung der Zigarrenkistenfabrik Gebr. Busch aufgenommen. Von dem achtseitigen, handschriftlichen Vertrag sind hier Kopien der ersten drei Seiten und das Ende der letzten Seite gezeigt:

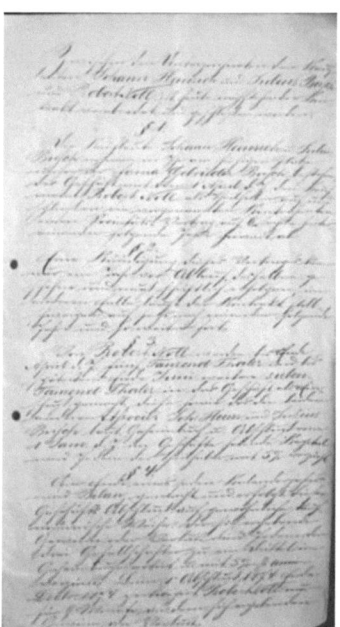
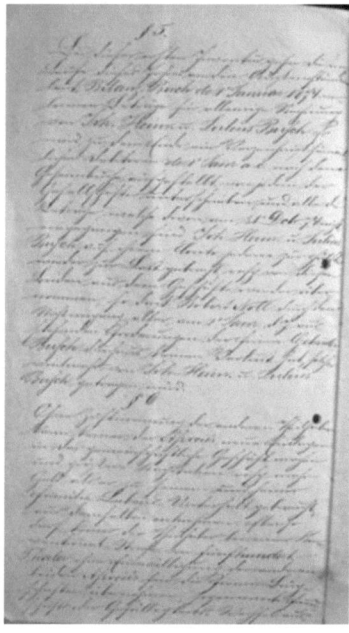
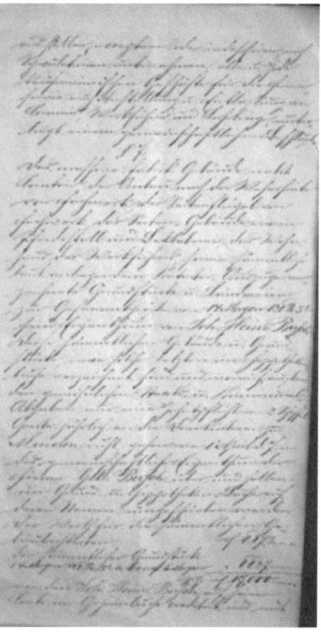

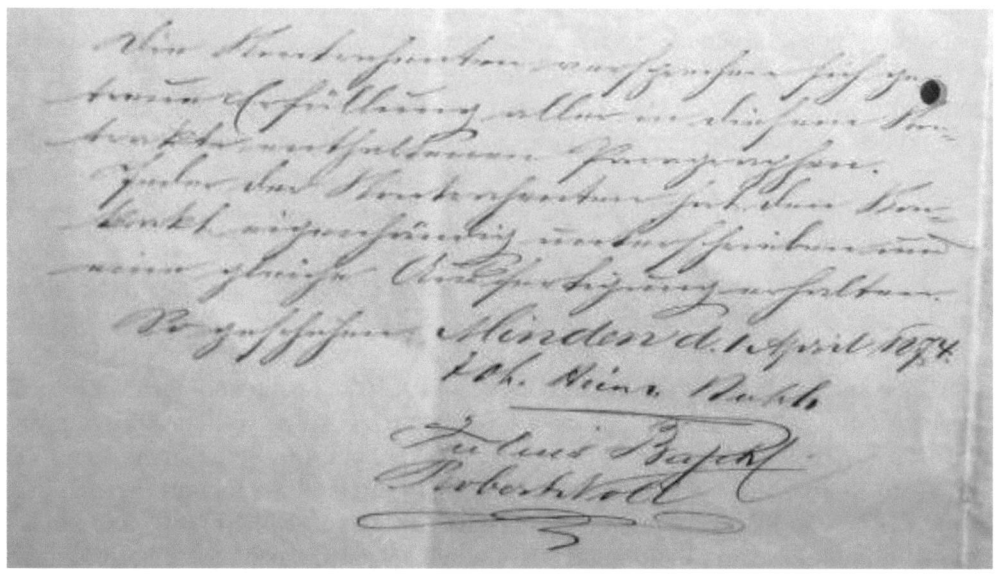

Weil auch die Originale im Archiv in weiten Teilen kaum noch lesbar sind, hat der Autor den Anfang des obigen Textes und den Endabsatz mit den Unterschriften so gut wie möglich transkribiert:

> Zwischen den Unterzeichneten, den Kaufleuten Johann Heinrich und Julius Busch und Robert Noll ist heute nachstehender Kontrakt verabredet und beschlossen worden.
>
> § 1.
>
> Die Kaufleute Johann Heinrich u. Julius Busch nehmen in ihr am hiesigen Platze unter der Firma Gebrüder Busch bestehendes Geschäft mit dem 1. April des Jahres den Kaufmann Robert Noll als Gesellschafter auf und schließen im vorgenannten neu unterzeichneten [zwei Wörter unleserlich] Vertrag auf 6 hintereinander folgende Jahre hiermit ab.
>
> § 2
> .
> .

§ 11

Die Unterzeichneten versprechen sich zu treuer Erfüllung aller in diesem Kontrakte enthaltenen Paragraphen.

Jeder der Unterzeichner hat den Kontrakt eigenhändig unterschrieben und eine gleiche Ausfertigung erhalten.

So geschehen Minden d. 1. April 1874.

Joh. Heinr. Busch

Julius Busch

Robert Noll

Es ist bemerkenswert, dass in damaliger Zeit eine lebenslang währende Partnerschaft unter Firmeninhabern mit so wenigen Festlegungen geschlossen werden konnte. Für den Fall möglicherweise eintretender Probleme waren keine spitzfindigen Formulierungen und gegenseitigen Absicherungen vorgesehen. Man kannte sich und man vertraute einander. Heutzutage hätte so ein Vertrag zumindest noch die salvatorische Klausel.

Das junge Ehepaar Robert Noll und Frau Elise, geb. Busch

Die Zigarrenkistenfabrik Gebr. Busch wurde an der Friedrich-Wilhelm-Straße neu errichtet, indem man das eigene Gelände nutzte, das sich in direkter Nachbarschaft zur bereits bestehenden Chemischen Fabrik J.H. Busch befand. Auch die Gebäude der Chemischen Fabrik wurden eingebunden, denn deren Produktionen wurden 1870 aufgegeben und nur noch in Brackwede weitergeführt. Auf dem Gelände der bis 1876 bestehenden Mindener Zuckerfabrik, siehe [3] Seite 1432, gründet Robert Noll nach deren Schließung mit der Konzession vom 13.6.1889 die Kunstwollfabrik Robert Noll.

Idealisierte Ansicht der Fabrikanlage von Nordosten (oben) und Nordwesten (rechts unten) auf einem Briefkopf von 1906

Alleiniger Besitzer dieser Fabrik war im Jahre 1900 Robert Noll. Ab 1919 fungierten Robert Noll und einer seiner drei Söhne, Heinrich Noll, gemeinsam als Besitzer. – Der Vater war inzwischen Kommerzienrat geworden, worauf noch eingegangen wird. Ab 1935 ging die Baumwollfabrik als Sisalspinnerei in den Besitz von Paul Velten über. Nach mehreren Umfirmierungen wurde die Fabrik 1958 schließlich die Polygarn Kunststoffe GmbH und Hanfspinnerei Westfalia, Näheres hierzu siehe [3], Seite 1433. Die Kinder von Werkmeister Strathmann, das waren besonders die drei Tanten und die Mutter des Autors, sprachen einfach von der Bindfadenfabrik.

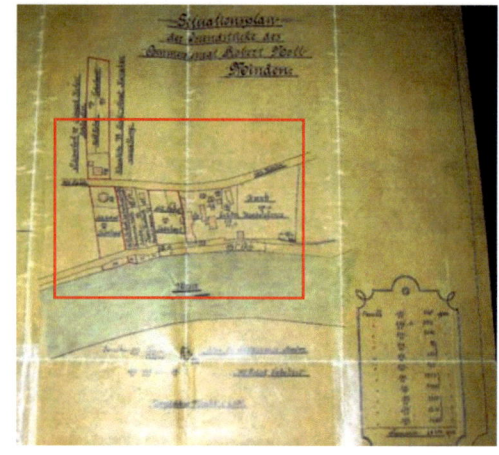

Die nebenstehende Originalzeichnung, in der leider kein Datum eingetragen ist, gibt einen Überblick über die Besitzverhältnisse der Familien Busch und Noll, bezüglich der Grundstücke auf der rechten Weserseite im Bereich des sogenannten Kohlenufers. Wahrscheinlich wurde sie zwischen 1874 und 1885 angefertigt, denn Robert Noll ist schon eingetragen, war aber erst seit 1874 Mitinhaber.

Nachstehend sieht man vergrößert den im vorigen Bild der Originalzeichnung rot umrandeten Ausschnitt.

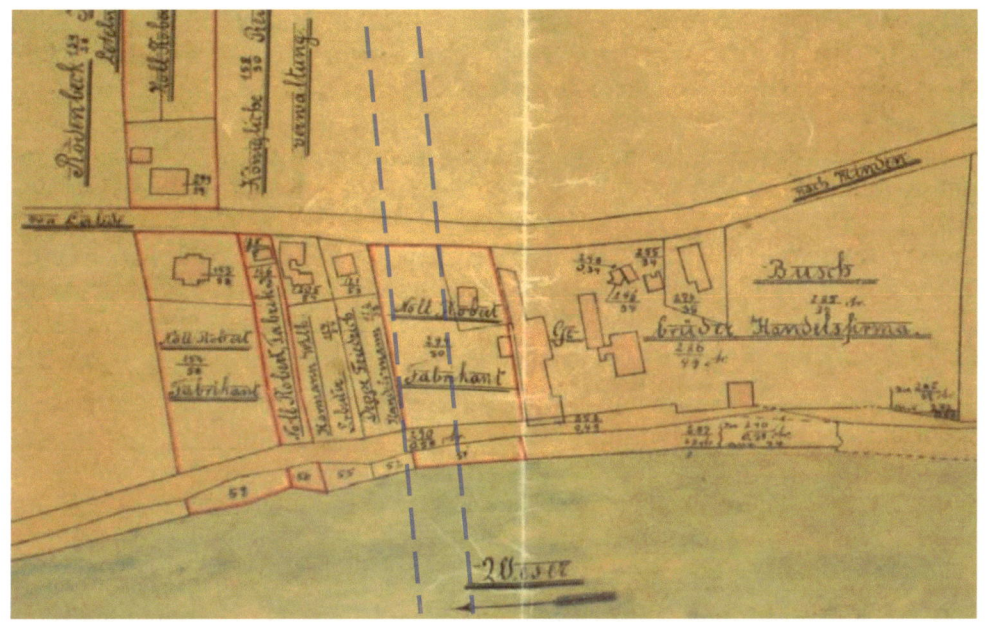

Innerhalb der gestrichelt eingezeichneten Linien soll der spätere Ems-Weser-Kanal bzw. Mittellandkanal verlaufen. Rechts davon die Zigarrenkistenfabrik Gebr. Busch

Die Blütezeit der Zigarrenkistenfabrik lag zwischen der Jahrhundertwende und dem Ersten Weltkrieg. Damals wurden die Betriebsgebäude zügig bis zu dem Zustand erweitert, der sich zu Beginn des Zweiten Weltkriegs vorfand. Auch mehrere Wohngebäude für die Belegschaft wurden in nächster Umgebung der Fabrik entweder als alte Immobilien (z.B. an der Alten Aminghauser Straße, aber auch direkt neben den Betriebsgebäuden) übernommen oder für die leitenden Angestellten neu gebaut.

Die Umlegung in die Friedrich-Wilhelm-Straße hatte für die Fabrik gleichzeitig zwei Vorteile: Zum einen gab es einen Bahnanschluss über die Kreisbahn, zum anderen aber auch einen Anker- bzw. Anlegeplatz für die Binnenschiffe mit dem benötigten Rundholz aus Bremen, das vom Ausland nach Bremen importiert wurde.

Oben wurde schon angedeutet, dass Carl Strathmann, der Großvater des Autors, 1886 als Werkmeister in die Fabrik eingetreten war, übrigens auch als Teilhaber bzw. Gesellschafter der Fa. Gebr. Busch und von Robert Noll. Da fünfzig Jahre später, also 1936, vom Sohn Friedrich Noll in einer Jubiläumsfeier die erfolgreiche Arbeit des Jubilars in einer zu Herzen gehenden Rede gewürdigt wurde, s. Seite 72 ff., soll die Persönlichkeit Strathmanns schon jetzt etwas ausführlicher beschrieben werden.

Carl Heinrich Strathmann[10], geboren am 27.04.1859, war ein Nachfahre eines jener „Reisläufer" oder „Reisigen", also eines Söldners, die im späten Mittelalter aus den übervölkerten Schweizer Kantonen, wo es nur sehr geringe Existenzmöglichkeiten gab, nach Italien zogen und dort die berühmte Schweizer Garde des Vatikans bildeten. Viele reisten aber auch in den Norden, wie der Vorfahre Carl Strathmanns. Er verdingte sich unter König Friedrich d. Gr. im preußischen Heer und nahm 1759 an der Schlacht bei Minden gegen die Franzosen teil. Im Gefecht siegten die Preußen und ihre Verbündeten – ein sehr eindrucksvolles Tischmodell (mit Zinnsoldaten) befindet sich im Archiv des Mindener Museums für Geschichte, Landes- und Volkskunde. Viele besonders verdiente Soldaten der Schlacht erhielten als Veteranen vom König Land in der preußischen Grafschaft Ravensberg zum Besiedeln als Eigentum zugewiesen, so auch besagter Vorfahre. In dem Familienbuch des Autors wurden seine Vorfahren daher auch als Colons (Kolonisten = Neusiedler) eingetragen; man brauchte keine Pacht zu zahlen und war entsprechend unabhängig. Neben der Bestellung des eigenen Landes hatten sie oft einen weiteren Beruf.

In der Strathmannschen Familie waren die Männer überwiegend Zimmerleute, so auch Großvater und Urgroßvater des Autors. Sie lebten in Spradow, heute ein Stadtteil von Bünde, und im nördlich davon nahegelegenen Dünne. In einem weiteren Nebenerwerb drehten sie Zigarren und stellten auch Zigarrenkisten her. Aus dem Nebenerwerb wurde eine kleine Manufaktur in Dünne, und man gelangte zu einigem Wohlstand.

Außer zwei Schwestern hatte Carl Strathmann zwei Brüder, denen wie ihm ein stattliches Erbteil auf Erlass ihres Vaters erst nach siebenjähriger Wanderschaft als Handwerker ausgezahlt wurde. Sohn Carl ging deshalb „auf die Walz" und tippelte als fremdgeschriebener Zimmergeselle sieben Jahre (ein Ohrring)[11] zunächst in nordöstlicher Richtung durch Hannover, Brandenburg, Ostpreußen, Baltikum, Russland, dort Karelien (Onegasee), Finnland und dann über Schweden, Norwegen und Dänemark wieder zurück. Danach leistete er seinen Militärdienst in einem Füsilier-Regiment und verließ dieses als Korporal.

Er heiratete 1886 Anne Marie Ilsabein Henning aus Hunnebrock bei Bünde, brachte sein finanzielles Erbteil in die Zigarrenkistenfabrik Gebr. Busch in Minden ein, wurde gleichzeitig in derselben Werkmeister und lebte von da an mit seiner Familie im Hause Minden, Friedrich-Wilhelm-Str. 117, siehe [3], Seite 1423 ff. Dieses Haus, am Weserufer gelegen (von außen hässlich, innen gemütlich), war zuvor für ihn von der Fabrik übernommen und ausgebaut worden. In ihm wurden ihre sechs Kinder geboren, das jüngste, geboren 1902, war die Mutter des Autors.

Verlassen wir jetzt Werkmeister Carl Strathmann und wenden uns wieder den beiden Kaufleuten Johann Heinrich und Julius Busch zu. Sie hatten mit dem am 1. April 1874 geschlossenen Vertrag Robert Noll als gleichberechtigten Partner in die Geschäftsführung der Fa. Gebr. Busch aufgenommen, s. Seite 13 ff.

Acht Jahre später, am 10. Sept. 1882, schieden die beiden Brüder Johann Heinrich und Julius Busch offiziell aus dem aktiven Geschäft der Firma aus und übertrugen Robert Noll die alleinige Geschäftsführung, blieben aber Gesellschafter. Der zugehörige Vertrag ist nur eine halbe Seite lang, bezieht sich auf den am 1. April 1874 geschlossenen Vertrag und ist an Behörden und die geschätzten Geschäftsfreunde gerichtet. Er beginnt mit

P. P. = *Praemissis Praemittendis* = *Vorausschickung des Vorauszuschickenden* oder verständlicher: »man nehme an, Titel und Personenanrede seien vorausgeschickt«.

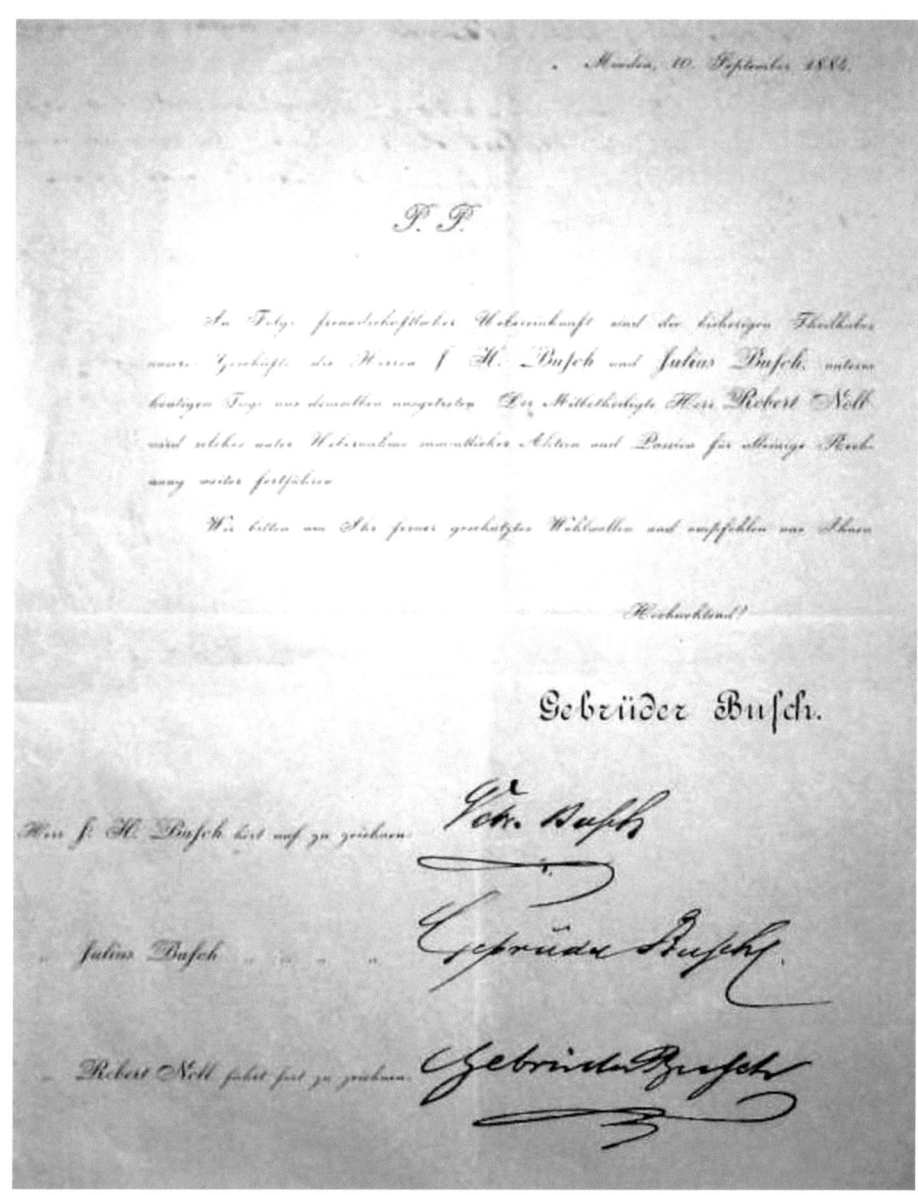

Da wiederum schwer lesbar, wird transkribiert:

Minden, 10. September 1884

P. P.

In Folge freundschaftlicher Übereinkunft sind die bisherigen Teilhaber unseres Geschäftes, die Herren J.H. Busch und Julius Busch, mit dem heutigen Tage aus demselben ausgetreten. Der Mitbeteiligte Herr Robert Noll wird solches unter Mitnahme sämtlicher Aktiva und Passiva für alleinige Rechnung weiter fortführen.

Wir bitten um Ihr ferner geschätztes Wohlwollen und empfehlen uns Ihnen

Hochachtungsvoll

Gebrüder Busch.

Herr J. H. Busch hört auf zu zeichnen   Gebr. Busch

 "   J. Busch   "   "   "   Gebrüder Busch

 "   Robert Noll fährt fort zu zeichnen   Gebrüder Busch

Entwicklung der Fabrik mit technischem Fortschritt

Gebrüder Busch
Inhaber: Robert Noll
Cigarrenkisten-Fabrik und Dampf-Sägerei

Fabrik: Fernsprecher Nr. 11.
Wohnung: Fernsprecher Nr. 41.

Minden i. W., den   189

Briefkopf nach 1890

Die Fabrik erlebt in den sogenannten Gründerjahren einen guten und dauerhaften Aufschwung. Arbeitsplätze bei Busch waren sehr begehrt. Aus Erzählungen in seiner Familie weiß der Autor, dass alle Mitarbeiter in der Zigarrenkistenfabrik Gebr. Busch in bestem Einvernehmen mit den Eignern und der übrigen Geschäftsführung lebten. Das galt auch für die vielen Frauen, die vorwiegend in Bereichen arbeiteten, für die keine abgeschlossene Lehre nötig war, z.B. in der Bekleberei. Die männlichen Arbeiter hatten meistens eine Lehre bei Busch durchlaufen. In dem folgenden Bild sind Jünglinge versammelt, die bei Busch nach dem Ersten Weltkrieg gleichzeitig Lehrlinge waren.

Die Lehrlinge mit ihren Ausbildern auf der Friedrich-Wilhelm-Straße vor dem Fabrikgelände. Einige Kinder aus der Nachbarschaft haben sich dazu gestellt

In der Fa. Gebr. Busch als Fabrikbetrieb waren viele grundlegende Tätigkeiten keine typischen Lehrberufe. Neben ungelernten Arbeitern gab es angelernte Arbeiter als Hobeler und Formatmacher, als Bandsäger, Feinsäger und Abkürzer, bei denen der Außenstehende nicht unbedingt weiß, was denn z.B. ein Abkürzer kürzer macht. Aber die Tischler hatten einen richtigen Lehrberuf, erlernt bei Busch oder anderswo. Außerdem gehörten zum Betrieb Kutscher, Kranführer, Maschinisten, später auch Chauffeure und sogar der Nachtwächter Heinrich Haubrock, der insgesamt 30 Jahre bei Busch treue Dienste geleistet hatte und den der Autor als Kind auch kennenlernte. Die Basis war der Holz verarbeitende Betrieb wie eine Zimmerei oder Tischlerei, wo der Dienstherr „zunftgemäß" zu den Gesellen bzw. Facharbeitern ein väterliches Dienstverhältnis pflegte. Dafür war die Fa. Gebr. Busch in weitem Umkreis bekannt, ja berühmt. Dem Autor wurde von seiner Tante Elfriede ein Fall berichtet, in dem ihr Vater, der Werkmeister Strathmann, einen älteren Lehrling wutentbrannt feuerte, weil dieser einen jüngeren und kleineren Lehrling aus ärmlichen Verhältnissen, die Mutter war Witwe, im Schabernack gequält hatte. Da ein Lehrling oder Arbeiter, der bei Busch „rausgeschmissen" worden war, in Minden und Umkreis keine Arbeit mehr fand, kam die Mutter des Bösewichts tränenüberströmt zu Frau Marie Strathmann und bat sie, ihren Mann, den Werkmeister, zu überreden, ihren Sohn doch wieder einzustellen. Er habe Besserung versprochen. Carl Strathmann tat, wie wohl immer, was seine Frau ihm nahelegte, und der Reumütige war bis zuletzt ein sehr guter und treuer Mitarbeiter der Fa. Gebr. Busch.[12]

Familie des Werkmeisters Strathmann im Jahre 1894

Ein Foto der jungen Familie Strathmann aus dem Jahre 1894 sei hier eingefügt; ihre ersten Kinder sind Carl, Luise und Elfriede (die jüngste der drei). Elfriede war die Tante, zu der Autor Hermann Flessner stets eine besonders enge Beziehung hatte. Sie war nie verheiratet und lebte, nach einigen Berufsjahren in Berlin als Schneiderin und nach einer schweren Krankheit, im elterlichen Hause und betreute ihre Eltern. Mit Großvater Strathmann und dessen Tochter Elfriede überlebte der Autor die Bombenangriffe am 26. Okt. 1944, dazu Weiteres im 8. Kapitel.

Das bemerkenswert soziale Verhalten der Firmenleitung wurde auch manifestiert durch die Einrichtung einer Schule auf dem Firmengelände für Kinder aus Familien, die im näheren Umfeld der Fabrik wohnten, und zwar nicht nur für Kinder der Arbeiter der Fa. Busch. Es war eine typische Dorfschule mit zwei Klassen, in der Nähe des Pferdestalls und der Remise der Fabrik. Die Jungen und Mädchen im Alter von 6 bis 8 Jahren gingen in die eine Klasse, die 9- und 10-jährigen in die andere (diese Schule besuchten auch die Kinder Strathmanns, nur das jüngste nicht mehr). Danach mutete man ihnen den weiten Weg zu den nächsten Schulen in der Altstadt Mindens zu. Als im Jahre 1905 die Bürgerschule III in der Neustadt an der Hafenstraße 18 endlich gebaut worden war, wurde die Schule in der Fabrik geschlossen. Heute gibt es noch das Gebäude der ehemaligen Hafenschule, siehe wiederum [3], Seite 1449,

Die besondere Verehrung, die der Firmenchef Robert Noll bei seinen Mitarbeitern und darüber hinaus genoss, beschreibt ein Artikel im Minden-Lübbecker Kreisblatt vom 17. April 1899 unter der Rubrik »Ortsberichte«. Anlass dieses Artikels war sein 25-jähriges Jubiläum als Inhaber der Firma Gebrüder Busch

Ortsberichte.

, **Minden**, den 16. April. Am 1. April waren 25 Jahre verflossen, seitdem Herr **Robert Noll** hierselbst Inhaber der Firma J. H. Busch wurde. Wenn es auch der Arbeiterschaft nicht möglich war, ihren Chef an seinem Jubeltage selbst zu beglückwünschen, da ersterer denselben still vorübergehen ließ, so hat sie es sich aber doch nicht nehmen lassen, nachträglich Herrn Noll noch besonders zu ehren. So vereinigte sich denn gestern abend die gesamte Arbeiterschaft und brachte unter Voranttritt der Pionierkapelle demselben einen Fackelzug dar. Nach Ankunft vor dem Hause begab sich eine Deputation in die Wohnung, woselbst der Jubilar, dem die herzlichsten Glückwünsche dargebracht wurden, sie im Kreise seiner Familie empfing. Die Teilnehmer am Fackelzuge begaben sich dann zur „Grille", woselbst sich bereits die Angehörigen versammelt hatten und wo auch bald Herr Noll mit seiner Familie und einer Anzahl Freunde eintraf. Im prächtig ausgeschmückten Saale hatten die Festteilnehmer, über 300, Aufstellung genommen. Herr Benecke begrüßte den Jubilar aufs herzlichste, worauf Herr Prokurist Flottmann im Namen des Geschäftspersonals dessen Glückwünsche darbrachte. Redner führte aus, daß Herr Noll auf eine segensreiche Geschäftsthätigkeit mit vollster Zufriedenheit zurückblicken könne, er habe in dieser langen Zeit bewiesen, daß er ein tüchtiger Geschäftsleiter sei, er habe aber auch durch seine stets wohlwollende Handlungsweise seinem Personal gegenüber sich dessen Hochachtung, Liebe und Dankbarkeit im höchsten Maße erworben. Redner schloß, unter dem herzlichen Wunsche, daß Herr Noll seiner Familie, dem Geschäfte und den Arbeitern noch recht viele Jahre in Gesundheit und Wohlsein erhalten bleiben und daß seine Geschäfte ferner blühen und gedeihen mögen, mit einem Hoch auf den Jubilar, welches freudigsten Widerhall fand. (Wir bemerken, daß jetzt zum Nollschen Geschäfte gehören das Dampfsägewerk und die Zigarrenkistenfabrik sowie die Kunstwollfabrik am Kohlenufer und die chemische Fabrik J. H. Busch verbunden mit Kunstdüngerfabrik in Brackwede.) Im weiteren Verlauf des Festes dankte Herr Noll für die ihm bereiteten Ehrungen tiefbewegt und bat, ihm und seinem Hause die bisherige Liebe und treue Anhänglichkeit zu bewahren. Im besondern gedachte derselbe noch des verstorbenen Gründers des Geschäfts und dessen hier noch lebenden Bruders Herrn Jul. Busch, der vor einigen Tagen seinen 81. Geburtstag habe feiern können. Weiterhin dankte der Jubilar den Gästen für ihr Erscheinen und brachte auf sie ein Hoch aus, worauf Herr G. Hattenhauer dem Geschäfte eine blühende Zukunft wünschte und den drei Söhnen des Jubilars ein Hoch widmete. Einer der Arbeiter-Jubilare, Herr

Rinne, bereitete Herrn Noll eine besondere Freude durch Ueberreichung der Gruppenbilder sämtlicher Arbeiter und Arbeiterinnen des Geschäfts. Der Gemahlin des Herrn Noll gedachte der im Geschäft thätige Herr Meinecke und feierte dieselbe in warmempfundenen Worten als Vorbild einer echten deutschen Hausfrau. So nahm das Fest einen fröhlichen Fortgang, gute Reden, humoristische Vorträge wechselten ab mit fröhlichem Tanz, dem überaus eifrig gehuldigt wurde; daß es dabei nicht an bester leiblicher Verpflegung mangelte, für die Herr Vogeler aufs beste sorgte, bedarf wohl keiner Frage. Seinen Höhepunkt erreichte das Fest, als der Jubilar noch einmal das Wort nahm zu einem interessanten Rückblick auf die verflossene Geschäftszeit und dann mitteilte, daß er für sich und seine Nachfolger zur Erinnerung an diesen Tag festsetze, daß jedem Arbeiter, der ununterbrochen 15 Jahre im Geschäfte thätig gewesen sei, in Zukunft eine Ehrengabe von 200 M. und jedem Arbeiter nach 25 jähriger Thätigkeit eine solche von 300 M. ausgehändigt werden solle. Die erstere Summe erhalten jetzt bereits: H. Meyer, H. Broer, W. Korte, Fr. Friedrichs, H. Meyer II, Fr. Steinkämper, H. Bade, Chr. Schmidt I, Fr. Hartmann und A. Hormann, ferner für diesmal 500 M.: Fr. Meyer I, Ferd. Rinne und W. Hormann. Herr Noll schenkte ferner einer Anzahl von den in seinem Geschäft Arbeitenden sein Bild und sprach allen für ihr treues Aushalten und Zusammenstehen in guten und schweren Tagen seinen herzlichsten Dank aus, gedachte aber auch der 1897 verunglückten und sonst gestorbenen Arbeiter, deren Verlust ihm recht nahe gegangen sei. — Noch manches gute Wort wurde weiterhin gesprochen, noch mancher Tanz ausgeführt, bis der Morgen anbrach und das Fest sein Ende erreichte. Jeder war voll befriedigt von dem Verlauf desselben, es war ein schöner Beweis des vollsten Einvernehmens zwischen allen Teilnehmenden. Möge ein gütiges Geschick die Firma und das Geschäft erhalten und es wachsen und blühen lassen zur Ehre der Inhaber und zum Segen der darin Arbeitenden. Wenn all die guten Wünsche für das Geschäft in Erfüllung gehen, so sind damit auch unsere Wünsche erfüllt, die wir für die Zukunft der Firma Robert Noll hegen!

Der rosa unterlegt markierte Satzteil führt jetzt zu einem traurigen Ereignis. Der Aufschwung und die guten Geschäfte bei Busch hatten im Jahre 1897 einen betrüblichen Einschnitt erlitten: eine Explosion des Dampfkessels, die auch einigen Arbeitern das Leben kostete. Es gibt dazu drei Sachverständigen-Gutachten, mit denen einstimmig festgestellt wurde, dass abgeplatzte Schrauben des Kessels die Ursache gewesen seien. Es habe dabei keinen unzulässig hohen Dampfüberdruck gegeben, also auch „keine schuldhafte Fahrlässigkeit der Geschäftsführung".

Es erscheint angebracht, die Situation kurz zu beschreiben, in der sich im 19. Jahrhundert in Deutschland Betriebe befanden, die Dampfkessel oder Dampfmaschinen einsetzten. Die vom Dampfdruck ausgehenden Gefahren waren schon gleich nach der Einführung von Dampfkesseln, Dampfmaschinen und Dampflokomotiven seit Anfang des 19. Jahrhunderts allgemein bekannt. Es hatte von Beginn an Kesselexplosionen gegeben, die auch die Landesherren auf den Plan riefen, zumal diese oft auch die Auftraggeber bzw. Käufer der Eisenbahnen waren. Symptomatisch war das Kompetenzgerangel zwischen Ingenieuren und den von den Regierungen eingesetzten Baubeamten. Letztere beriefen sich auf das traditionelle Aufsichtsrecht, und die Ingenieure bestritten deren Sachverstand, Sicherheitskontrollen durchzuführen. Hier sei zitiert, was im Jahre 1867 Richard Peters, Ingenieur der Henrichshütte bei Hattingen a.d. Ruhr, konstatierte:

„Dadurch, dass das Bauwesen schon viel früher in Preußen eine geregelte, einheitliche Ausbildung erhalten hatte, ist die abnorme und ungerechte Tatsache zu erklären, dass alle obersten technischen Stellen bei den Staatseisenbahnen nur von Baubeamten bekleidet werden, während den Chefs des Maschinenwesens trotz ihres so wichtigen Wirkungskreises der Eintritt in die Direktionen unmöglich ist; dass ferner Berg- und Baubeamte mit der Revision der Dampfkessel betraut sind, zu welcher ihnen sowohl die Kenntnisse als die Erfahrungen weniger zu Gebote stehen als den Ingenieuren, und wodurch schließlich nur eine Belastung, eine Besteuerung der industriellen Etablissements, keineswegs aber die im staatlichen Interesse eigentlich bezweckte vermehrte Sicherheit erzielt wird" [13].

Nach jahrzehntelangen Querelen schlossen sich ab 1866 nach englischem Vorbild Kesselbesitzer zusammen und finanzierten durch ihre Beiträge die Überwachungsarbeit angestellter und vor allem unparteiischer Revisionsingenieure. Das ganze war ein Politikum. Im Jahre 1900 zog sich der Staat schließlich aus der Überwachung zurück und genehmigte den Überwachungsvereinen ein entsprechendes Monopol, wie es noch heute bei Techn. Überwachungs-Vereinen in Deutschland existiert.

Warum dieser Einschub in diesen Text? Jahrzehnte lang konkurrierten die Prüfkriterien *Material- sowie Konstruktionsqualität* gegen *maximal zulässigen Dampfdruck*, anstatt beide gemeinsam zu Prüfbedingungen zu bestimmen, wie das heutzutage geschieht. Im Falle des explodierten Kessels in der Fabrik der Gebr. Busch galt offensichtlich nur, dass das Dreifache des Betriebsdrucks bei der Zulassungsprüfung [kurzfristig, d. Autor] schadlos ertragen wird. Diese Prüfung kann bei laufendem Betrieb durchgeführt werden. Die schwächsten Glieder in der „Prüfungskette" waren aber die Verschraubungen, die möglicherweise Ermüdungserscheinungen des Materials erlitten hatten, so das Ergebnis in den Gutachten der drei Revisionsingenieure.[14] Wären hier periodisch, z.B. in Jahresabständen, Prüfungen erfolgt, wäre das Unglück vielleicht gar nicht passiert. Allerdings hätte der Kessel dazu für einige Tage stillgelegt werden müssen, was man natürlich möglichst vermeiden wollte.

Der Unternehmer Robert Noll trat nicht nur als herausragend tüchtiger Kaufmann hervor. Weniger bekannt ist, dass er auch gutes technisches Talent besaß. In den Archivunterlagen des KAM ist eine Patentschrift enthalten, mit der Robert Noll die Erfindung einer „Maschine zur Nachahmung der Textur edler Hölzer" testiert wurde.[15]

Aus Erzählungen in der Familie Strathmann sind dem Autor noch Verbesserungen an den Holz verarbeitenden Maschinen in Erinnerung, an denen Robert Noll und Carl Strathmann gemeinsam gewirkt hatten. Die Konkurrenz war in der Branche ebenfalls sehr aktiv. Aus einschlägiger Fachliteratur ist bekannt, dass damals geradezu Epoche machende Neuerungen bei den Sägen jeglicher Art auf den Markt kamen. Solange noch vorwiegend Sägefurniere produziert wurden, kam es bei den dünnen und vor allem weichen Hölzern sehr darauf an, den Sägespäne-Abfall so gering wie möglich zu halten.

Ein weiterer Aspekt war die bestmögliche Vermeidung von an der Unterkante eines zu schneidenden Brettes abgerissenen Holzfasern, die beim Sägen entstehen und den sogenannten Sägebart hinterlassen, vor allem bei weichem, langfaserigem Holz. Bei sehr vielen zu schneidenden Brettchen, wie in der Zigarrenkistenfabrikation, hilft man sich damit, in gleichen Abmessungen zu sägende Brettchen in Stapeln aufeinander zu legen und diese in einem Arbeitsgang mit der Kreis- oder Bandsäge zu schneiden. Dann kann nur am zu unterst liegenden Brett ein Sägebart entstehen.

Carl Strathmann hielt sich während seiner Wanderjahre um 1880 zusammenhängend etwa drei Jahre in Karelien auf. Das war nach den deutschen Zunft-Statuten eigentlich nicht zulässig; denn länger als drei Wochen an einem Platze war nicht zunftgemäß. Im Ausland wurde das aber wohl nicht sehr streng befolgt; Strathmann wanderte dort auch von Baustelle zu Baustelle, blieb aber oft Monate an einem Ort. Aus dieser Zeit hat er seinem Enkel, dem Autor, besonders gern erzählt. Er war beeindruckt von der tiefgläubigen Religiosität und der Freundlichkeit der dortigen Bauern, die sich nach alten überlieferten Regeln ihre Wohnhäuser aus Holz eigenhändig bauten. Das begann mit dem Holzeinschlag und endete mit einem gemeinsamen Fest, etwa vergleichbar mit unseren Richtfesten; die orthodoxe Kirche war immer dabei.

Die nördlichen Gebiete Russlands, von Nowgorod und Wologda im Süden bis Archangelsk im Norden, kannten keine Leibeigenschaft. Um größere Häuser und weltliche Bauten zu errichten, schlossen sich freie Bauern mit ihren Nachbarn auf freiwilliger Basis zu »Artels« zusammen, vergleichbar mit den sonstigen, europäischen Zimmermannszünften und Bauhütten. Bei solchen Artels fand Strathmann Aufnahme und wanderte unter der Führung einheimischer, ebenfalls wandernder russischer Zimmermeister, von einer Baustelle zur anderen. In der 2. Hälfte des 19. Jahrhunderts, also während Strathmanns Wanderzeit, wurde die auf der nächsten Seite abgebildete typische und weitverbreitete Konstruktion eines Wohnhauses auf der Halbinsel Saoneshje, die von Norden in den Onegasee hineinragt, ohne Nägel gebaut. Die Zeichnung wurde [16], dort Seite 59 entnommen.

Bemerkenswert ist auch, dass man nur in Ausnahmefällen mit Sägen arbeitete. Eine gute Säge war damals in den Gegenden ungefähr so teuer wie das ganze Holz für das Blockhaus eines Bauern. Das soeben über die Holzbauweise Beschriebene ist nachzulesen in dem hervorragenden Standardwerk *Die russische Holzbaukunst* von L. M. LISSENKO.[16] Im Text des Buches werden Sägen gelegentlich erwähnt, in einer Auflistung und darstellenden Beschreibung kommen Sägen jedoch überhaupt nicht vor. Der Normalfall war, dass man nur mit Spalt- und Schneidewerkzeugen wie Axt, Beil, Texel und Messer arbeitete.

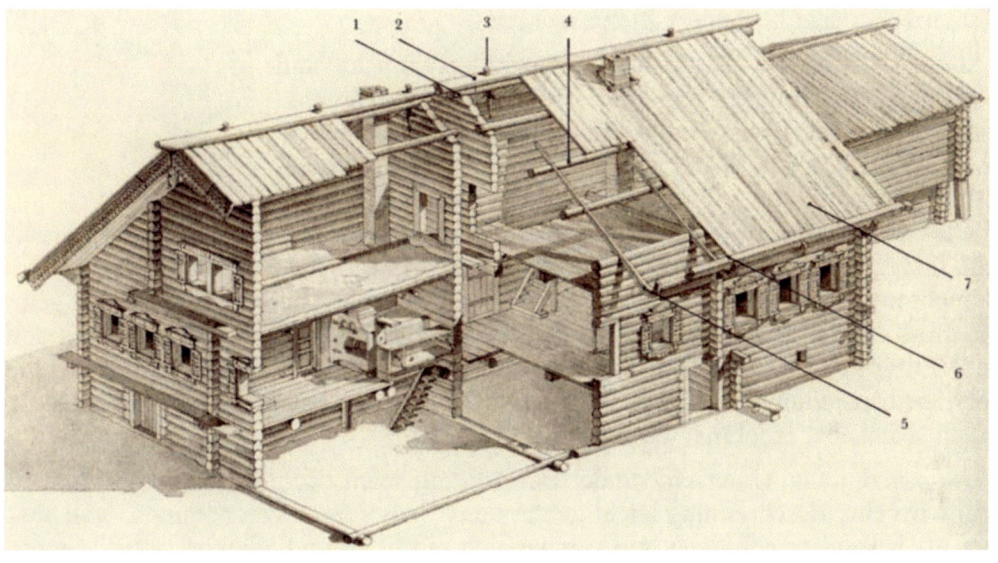

Alles ist vorwiegend aus Kiefernholz gefertigt, auch die weit überstehende Dachrinne.

1 Firstpfette;
2 Firstholm;
3 Dachreiter („Zapfen");
4 Pfette;
5 Traufbalken; („Henne");
6 Traufbohle;
7 Dachschalung.

Eine Besonderheit des Baustils fällt in der Zeichnung auf, die niedrige Unterkellerung. Sie wird natürlich zur kühlen Aufbewahrung von Vorräten genutzt. Ein weiterer Grund ist aber, die Eingangstüren und -tore so hoch zu legen, dass man im Winter den Schnee nicht wegräumen muss. Im Sommer geht man einige Treppenstufen hoch, bei hohem Schnee kann man mehr oder weniger ebenerdig auf dem Schnee ins Haus gehen. Die Winter sind dort bekanntlich lang und meistens liegt viel Schnee; unglücklicherweise ist im Bild der erhöhte Treppenhaus-Anbau weggeschnitten und deshalb nicht sichtbar.

Ende des 19. Jahrhunderts waren in Deutschland und den benachbarten Ländern Hobelmaschinen in der Holzbearbeitung bereits selbstverständlich, auch bei Gebr. Busch. Zuerst durch Dampfmaschinen über Transmissionen und Treibriemen angetrieben, später durch Elektromotoren. Zu unterscheiden sind sogenannte *Dickenhobel*, mit denen eine konstante Brettdicke abgehoben werden kann, von *Abrichthobeln,* zur Schaffung einer rechtwinklig zum Brett glatten Kante. Für das Zusammennageln der Zigarrenkisten war das wichtig. Eine sogenannte Eckverbindung durch Zinken, in der rechts gezeigten Form auch Schwalbenschwänze genannt, war arbeitsintensiv und kam deshalb nur für teure Kisten in Frage. Für die maschinelle Herstellung gab es bald Zinkenschneideapparate in Verbindung mit einer Fräse oder besondere Zinkmaschinen.

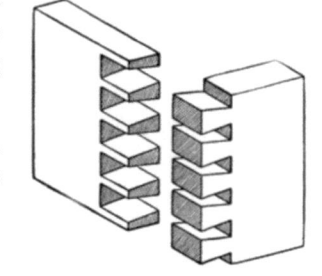

Seine während der Wanderschaft besonders in Russland gewonnenen Erfahrungen bei der Holzbearbeitung konnte Strathmann bei der Firma Busch in besonderem Maße nutzen. Vor allem das Für und Wider von Spalten und Sägen war Gegenstand gemeinsamer Überlegungen zwischen Robert Noll und Carl Strathmann, wie dem Autor von seiner Verwandtschaft zugetragen wurde. Die Firma Gebr. Busch hatte ungefähr ab 1880 eine erste Schälmaschine angeschafft, was eine nicht unbedeutende Investition war. Wie im nächsten Kapitel noch deutlich gemacht wird, muss das zu schälende Furnierholz vorher gedämpft werden. Dafür war mindestens eine Dämpfgrube und Heißdampf erforderlich. Das Ganze war gegenüber dem Sägen eine erhebliche Umstellung und Erweiterung sowie Verteuerung der Produktionsmittel, für das Produkt selbst aber erheblich wirtschaftlicher.

Die prinzipiellen Unterschiede der Bearbeitung seien noch einmal zusammengefasst. Dabei wird eine Beschreibung leicht gekürzt aus [16] ab Seite 52 entnommen, weil sie dem Autor als besonders gelungen und verständlich erscheint und zeigt, dass die Kenntnisse bei Zimmerleuten Jahrhunderte lang bestanden – sie gelten aber leicht abgewandelt auch für die Herstellung von Furnierholz:

„Bei der Holzaufbereitung wurden aus den entrindeten Stämmen Kanthölzer, Bohlen und Bretter durch Zerspalten mittels Spaltaxt und Keilen hergestellt. In günstigsten Fällen konnten aus einem Stamm zwei bis drei Spalthölzer gewonnen werden. Die grob gespaltenen Hölzer wurden danach mit der Axt oder dem Texel geglättet. Infolge ihrer wenig ergiebigen Herstellung waren Spaltbretter viel teurer als die später gebräuchlichen gesägten Bretter. Dennoch waren sie weiterhin sehr begehrt, denn ihre Qualität war bedeutend höher. Spaltbretter sind elastischer und haben eine höhere Bruchfestigkeit als Sägebretter (was bei Furnieren allerdings keine große Bedeutung hat). [......] Beim Sägen von Brettern werden die gewachsenen Holzfasern vielfach durchschnitten, was die innere Festigkeit der Gewebestruktur beeinträchtigt. Aus dem gleichen Grund sind sie auch fäulnisanfälliger."

Wenn heutzutage noch Dachschindeln verwendet werden, vorrangig bei denkmalgeschützten Häusern, dann werden diese, aus den oben aufgeführten Gründen, ausschließlich durch Spalten formatiert. Sie halten länger und an ihnen läuft Regenwasser besser ab.

Eine Episode aus dem Zusammenleben der beiden Nolls (Vater Robert und Sohn Friedrich) mit ihrem Werkmeister Strathmann passt an diese Stelle. Dem Autor wurde diese wiederum durch seine Verwandtschaft erzählt. Als Kind fragte er einmal, warum sein Opa immer noch Tag für Tag in die Fabrik geht, obwohl er schon fast achtzig Jahre alt ist. Andere Großväter machten ja in der Regel mit 65 Jahren Schluss, wenn sie überhaupt so alt wurden. Man sagte ihm, dass der Opa in der Fabrik nicht nur einen Schreibtisch hat (übrigens ein Stehpult in einem Raum, in dem zu der Zeit auch die Herren Noll ihre Schreibtische hatten), sondern noch einen kleinen abgetrennten Raum als Werkstatt, in dem es etwas geheimnisvoll zuging. Darin kümmerte er sich um das Schärfen der Sägeblätter nach einer von ihm erdachten Art, die bei weichem Holz verhindert, dass ein ausgeprägter Sägebart überhaupt entsteht, siehe die Beschreibung in diesem Text auf Seite 26. Man konnte danach nämlich einen Arbeitsgang sparen, bei dem mit Abrichte-Hobelmaschinen die Kanten der Brettchen für die Zigarrenkisten geglättet wurden. Ab wann Strathmann diese Schärfungen in seinem „geheimen Kämmerlein" betrieb, ist dem Autor nicht bekannt. Jedenfalls wurde erwogen, die Sache für Opa Strathmann patentieren zu lassen.

Als sich herausstellte, dass man sogar mehrere Abrichten (Kurzform der Maschinenbezeichnung) ausrangieren und auch Arbeitskräfte einsparen konnte, die jedoch freigestellt würden, wie man heute sagt, dauerte die Diskussion an. Schließlich handelte es sich um beachtliche Kosteneinsparungen. Andererseits wollte man jedoch möglichst keine Arbeiter entlassen. Strathmann soll dann vorgeschlagen haben (so die Erzählung), kein Patent anzumelden. Er würde die von ihm entwickelte Methode nicht offenlegen, sondern die Sägeblätter immer solange selbst schärfen, wie das Verfahren geheim gehalten werden kann. Was Strathmanns Trick war, weiß wohl keiner mehr. Das ist aber auch nicht nötig. Denn heute kann man gleich gute oder vielleicht sogar bessere Sägeblätter für Kreis- und Bandsägen in jedem Baumarkt kaufen. Vorbildlich ist für den Autor, dass eine partnerschaftliche Lösung friedlich gefunden wurde. Die Inhaber Noll hätten ohne Weiteres bestimmen können, den sparsameren Weg zu gehen, sie hatten die Anteilsmehrheit. Ein Übergehen der Meinung ihres Werkmeisters kam aber für einen Noll nicht in Frage.

Im Nachhinein meint der Autor, dass die gewählte Lösung nicht nur vernünftig und sozial, sondern auch klug war. Es gibt einen wichtigen Unterschied zwischen *patentwürdig* und *patenfähig*. Wäre das Patent erteilt und dann zwangsläufig offengelegt worden, dann wäre es auf jeden Fall patentwürdig, aber auch allgemein zugänglich. Ob man einem Schutzrechtverletzer aber nachweisen kann, dass er die Sägeblätter auf die geschützte Weise unrechtmäßig geschärft hat, also ohne Lizenz oder Abkauf der Rechte, ist so gut wie ausgeschlossen. An dem Schärfungsergebnis kann man nämlich nicht sicher erkennen, wie es erzielt wurde; die Neuerung ist deshalb kaum patentfähig.

Da wir gerade bei der Familie Strathmann sind, seien jetzt so kurz wie möglich einige Ereignisse eingefügt, die erwähnenswert erscheinen. Der älteste Sohn Carl, siehe auch das Foto auf Seite 22, verließ das Realgymnasium in Minden und ging zunächst zum Hannoverschen Pionier-Batallion 10 als »Einjähriger«. Danach machte er ein Praktikum in einer Metall verarbeitenden Fabrik in Bielefeld, studierte Maschinenbau in der damals schon angesehenen Ingenieurschule in Mitweida (Sachsen), wo er auch in einer studentischen Verbindung korporiert war, siehe das Bild oben, – damals eine Statusfrage. Nach seinem Examen arbeitete er in einer Maschinenfabrik in Berlin als Ingenieur.

Sohn Carl traf 1910 in Berlin Wilhelm Albers, lernte bei ihm auf einer Etrich II-Taube[17] das Fliegen und gründete mit ihm und finanzieller Hilfe seines Vaters in Gelsenkirchen die Firma »**Al**bers und **Stra**thmann – Flugzeugbau und Fliegerschule«. Strathmann war der Ingenieur und Albers der Fluglehrer; man baute **Alstra**-Tauben.

Die Firma war bald erfolgreich. Voll Stolz schickte er am 11. Dez. 1911 seinen Eltern eine Postkarte, auf deren Rückseite das folgende, in der Höhe das vom Autor etwas beschnittene Bild zu sehen ist.

Carl Strathmann, Wilhelm Albers
vor Ihrer Werkhalle in Gelsenkirchen mit der stolzen Belegschaft

Werkmeister Strathmann hatte seinen Sohn aber auch für Gebr. Busch vereinnahmt. Man schickte ihn Mitte 1914 nach Spanien, um in der dort sehr florierenden Zigarrenindustrie für Zigarrenkisten zu akquirieren – wie erzählt wurde, mit gutem Erfolg. Gleichzeitig konnte er ja »Alstra-Tauben« verkaufen, womit er keinen Erfolg hatte, denn das Schicksal nahm seinen Lauf.

Der Erste Weltkrieg brach aus, Strathmann jun. wurde in Spanien interniert. Wilhelm Albers war Soldat geworden und 1915 mit einer Rumplertaube, die er als Frontbeobachter in Frankreich flog, abgeschossen und überlebte nicht. Die Fa. Albers & Strathmann wurde liquidiert, denn sie war ohne Geschäftsleitung. Strathmann jun. wurde aus der Internierung entlassen, konnte aber weiterhin für Firma Gebr. Busch tätig sein; Spanien durfte er während des Krieges allerdings nicht verlassen.

Diese Zeit der Kooperation mit der spanischen Industrie, bei der er weiterhin für Gebr. Busch als Agent oder Akquisiteur tätig war, ist für ihn offensichtlich trotzdem auch privat nicht uninteressant gewesen, wie das Bild auf der nächsten Seite oben andeutet. Dem Autor wurde von seinen Tanten und seiner Mutter, den vier Schwestern, die mit ihrem Bruder Carl auch im Ersten Weltkrieg in brieflichem Kontakt blieben, erzählt, dass die beiden Juniorchefs einer großen Tabak- und Zigarrenfabrik ihn gern als Partner gewinnen wollten. Eine hübsche Schwester hätten sie auch. Am besten wäre es, wenn er sie bald heiraten würde. Das wurde ihm wohl doch unheimlich, denn nach dem Kriege kehrte er bei nächster Gelegenheit so schnell wie möglich nach Deutschland zurück. Ob das schädlich für die Geschäftbeziehungen der Firma Busch zu den Spaniern war, ist wohl unbekannt.

Carl Strathmann jun. in einer Alstra-Taube, Gelsenkirchen 1913. Abenteuerlich der Benzintank vor seiner Nase, jedenfalls beim Fliegen

Carl Strathmann jun. in Spanien mit den Zigarrenfabrikanten li. u. re. und deren Schwester

Ab 1919 begann er zunächst verschiedene Tätigkeiten in Berlin und in einer Kupferhütte in Kongsberg (Norwegen), zu der Carl Strathmann sen. aus seiner Zeit als Zimmergeselle und auch Robert Noll Kontakte hatten. 1924 folgte er einer Einladung seines Letelner Schulfreundes Friedrich Schildmeyer nach Argentinien. Dort lebte er als Ingenieur zunächst in Buenos Aires, konstruierte u. a. Kühlhaus-Installationen, und siedelte sich 1930 in Colón Entre Rios an. Dort hatte er sogar wieder ein eigenes kleines Flugzeug, das 4,2 km von seinem Anwesen entfernt auf einem Privatflugplatz parkte, damit er die Klienten seiner Ingenieurtätigkeit im Norden Argentiniens schnell besuchen konnte.

Carl Strathmann jun. wurde Patenonkel des Autors und schickte nach dem 2. Weltkrieg seinen Verwandten in Deutschland CARE-Pakete. Die beiden schrieben sich oft Briefe, gesehen haben sie sich leider nie, außer auf Bildern; er starb 1976, mit 89 Jahren, in Colón, Argentinien.[18]

Ein letztes Foto von ihm aus dem Jahre 1972 mit seiner Frau Gertrud, einer geborenen Olschewsky aus Berlin

Erfolgreiche Zeiten

Zurück nach Deutschland in die Zeiten von 1900 bis vor den Ersten Weltkrieg. Sie waren für die Zigarrenkistenfabrik Gebr. Busch wohl die erfolgreichsten und glücklichsten, nicht nur was das Wachstum anbetrifft. In vielen Artikeln des „Mindener Tageblatts" und anderen Zeitungen wird über die zunehmende Bedeutung der Fabrik und besonders die herausragende Persönlichkeit Robert Nolls als Unternehmer und im kommunalen Leben der Stadt Minden berichtet.

Bis in die Jahre nach dem Ersten Weltkrieg, in der die Wirtschaft wegen der Inflation allgemein große Probleme hatte, war die Zahl der Arbeiter in der Zigarrenkistenfabrik auf beständig maximal 240 angewachsen. Trotz starker Inanspruchnahme durch das Tagesgeschäft in seinen Unternehmungen fand Robert Noll noch Zeit, sich um Belange des öffentlichen Lebens seiner Vaterstadt Minden zu kümmern. „Als Stadtverordneter wirkte er von 1891 bis 1898 und danach als Stadtrat bis 1919 in vorbildlicher Verantwortung und selbstloser Treue", so das Mindener Tageblatt.[19] Robert Noll gründete verschiedene Stiftungen zum Wohle der Stadt Minden und wurde am 16. Januar 1905 für seine mannigfaltigen Verdienste um die Industrie und die Stadt zum Königl. Preußischen Kommerzienrat ernannt; s. Kopie des Patents auf voriger Seite.

Schon 1874 gründeten die Firmen Gebr. Busch und die Zementwerke Stockmeyer-Portland, gemeinsam mit Dr. Weiss, die erste Betriebskrankenkasse in Ostwestfalen. Initiator war wieder vor allem Robert Noll. Das war im gleichen Jahr, in dem er als gleichberechtigter Gesellschafter von den beiden Brüdern Busch in das Unternehmen aufgenommen worden war – eine wahrhaft vorausschauend soziale Leistung, s. KAM.[20] Sicher haben die Brüder J.H. und J. Busch diese Gründung unterstützt, denn sie waren noch weitere acht Jahre in der Geschäftsleitung aktiv und hatten auch dabei ein Wort mitzureden.

Kommerzienrat Robert Noll um 1920   *Werkmeister Carl Strathmann 1927*

Dass die beiden Männer Robert Noll sen. und Carl Strathmann sen. in wohl allen Fragen harmonierten, ist nicht selbstverständlich. Robert Noll war uneingeschränkter Chef, 12 Jahre älter und allein deshalb eine natürliche Respektsperson. Hinzu kam der in damaliger Zeit wichtige Standesunterschied, vergleichbar mit Meister und Geselle oder Hauptmann und Feldwebel. Für Carl Strathmann war Robert Noll der Dienstherr, daran gab es für ihn und seine Familie nichts zu deuten. Er sprach vom Kommerzienrat und redete ihn auch so an – das enge, persönliche Vieraugengespräch soll allerdings auf gleicher Höhe abgelaufen sein. Dagegen sprach er die meisten Arbeiter mit ihrem Vornamen an, sie duzten sich untereinander und sprachen meistens Plattdeutsch. Auch er widmete sich öffentlichen Aufgaben. Er war aktiv im religiösen Leben, im Mindener Werkmeisterverein und im Mindener Turn- und Schwimmverein, wo er lebenslange Freundschaften schloss.

Strathmann konnte gut und mochte gern schwimmen; das war damals nicht selbstverständlich. Er war als Junge angeblich der einzige, der in Bünde im Sommer in der Else schwamm, dem Flüsschen, das durch die Stadt fließt. Allein deshalb soll er stadtbekannt gewesen sein. Beim Militär wurde er darum auch Schwimmlehrer, was er weiterhin als Reservist in Minden bei den Pionieren war. Dieses wusste Robert Noll mit Sicherheit. Es kam für ihn deshalb wohl nicht unerwartet, dass Strathmann ihm die Sache mit der Flußbadeanstalt in Minden auf dem Gelände Kanzlersweide vorschlug. Strathmann beteiligte sich auch finanziell, war er doch auf einer Einkommenswelle „hochgeschwommen" und nach dem Dreiklassenwahlrecht in die Steuerklasse 2 gelangt; das verpflichtete natürlich, s. Zeitungsartikel auf Seite 38.

Der jüngste Sohn des Kommerzienrats mit Namen Friedrich war schon sein ganzes Berufsleben in dem väterlichen Unternehmen tätig und offensichtlich von Beginn an als Nachfolger bestimmt, denn er durchlief Praktika in Deutschland und im nördlichen Ausland als Vorbereitung auf seine weitere Arbeit im Hause Gebr. Busch. Ihm war bereits am 5. Okt. 1903 mit 26 Jahren Prokura erteilt worden, die gemäß der Eintragung in das Handelsregister des Königlichen Amtsgerichts in Minden, gleichzeitig mit Aufnahme in das Geschäft der Fa. Gebr. Busch als persönlich haftender Gesellschafter, jedoch erloschen war. In Vertretung der Gesellschaft (Gebr. Busch) sind ab dem 1. Januar 1909 übrigens beide Gesellschafter einzeln ermächtigt.[21] Nebenstehend die Urkunde:

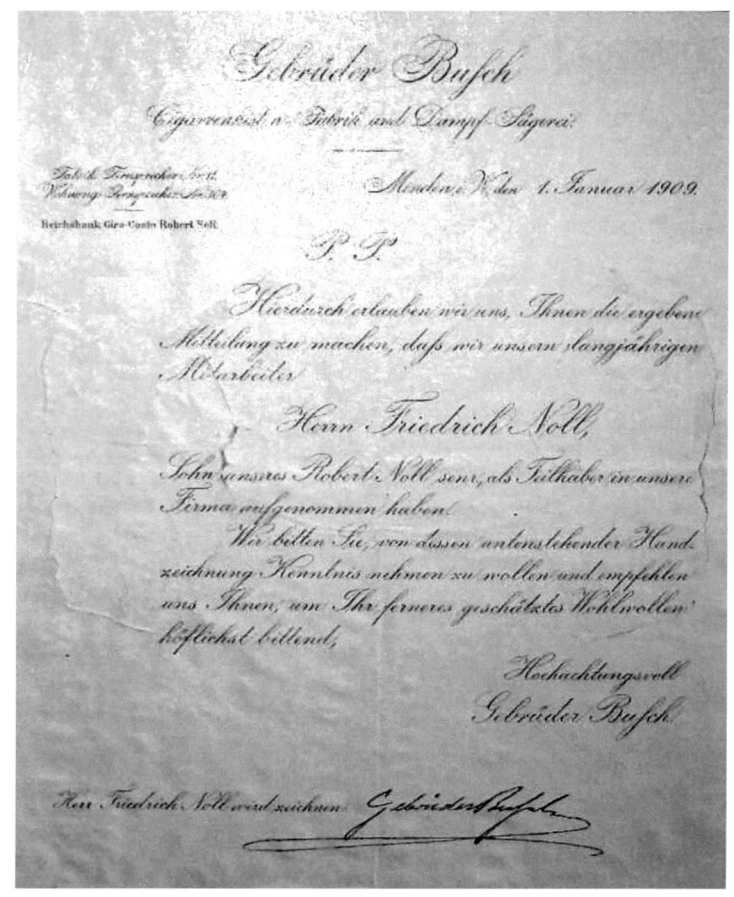

Sie sieht zwar heute noch hübsch aus, ist aber leider auch bei Vergrößerung in Teilen kaum lesbar. Der Text wird deshalb wieder transkribiert:

Minden/W., den 1. Januar 1909

P. P.

Hierdurch erlauben wir uns, Ihnen die ergebene Mitteilung zu machen, dass wir unseren langjährigen Mitarbeiter

Herrn Friedrich Noll,

Sohn unseres Robert Noll sen., als Teilhaber in unsere Firma aufgenommen haben.

Wir bitten Sie, von dessen untenstehender Handzeichnung Kenntnis nehmen zu wollen und empfehlen uns Ihnen, um Ihr ferneres geschätztes Wohlwollen höflichst bittend,

Hochachtungsvoll

Gebrüder Busch.

Herr Friedrich Noll wird zeichnen   Gebrüder Busch

Friedrich Noll,
ungefähr zur Zeit des Beginns
seiner gleichberechtigten Teilhaberschaft
der Fa. Gebr. Busch

Friedrich Noll hatte nach seiner Schulzeit auf dem Realgymnasium in Minden eine kaufmännische Lehre in einem Sägewerk in Elmshorn (Holstein) absolviert und vertiefte seine technischen und kaufmännischen Kenntnisse anschließend im väterlichen Betrieb. Zwischendurch nutzte er die Gelegenheit, Studienreisen nach Dänemark, Schweden, Norwegen, Finnland und ins nördliche Russland (St. Petersburg) zu unternehmen. Zeitweilig arbeitete (volontierte) Friedrich Noll auch bei der Reichsbank in Minden. Er wurde geradezu ein „Allroundman". Die gewonnenen Erfahrungen waren eine wertvolle Basis für seine allgemein anerkannte weitblickende Unternehmertätigkeit mit hohem sozialem Verantwortungsbewusstsein für seine Arbeiter und Angestellten, Männer wie Frauen. Er baute schließlich das väterliche Unternehmen zu dem größten seiner Branche aus. Sein hohes Ansehen führte auch dazu, dass er in den Vorstand des Verbandes Deutscher Zigarrenkisten-Fabrikanten berufen wurde, dem er lange Jahre angehörte. Kurzum, er war ein würdiger Nachfolger seines Vaters, des Kommerzienrates Robert Noll.

Der imposant stilisierte Briefkopf war Anfang des 20. Jahrhunderts zeitgemäß

Hier sei nachgetragen, dass mit der Überschrift

Die Eröffnung der Städtischen Fluß Badeanstalt

im Minden-Lübbecker Kreisblatt am 16. Juni 1913 ein langer Artikel im blumigen Stile der damaligen Zeit erschienen war, aus dem folgender Ausschnitt entnommen ist.

> Von hier aus präsentiert sich das Gebäude auch am vorteilhaftesten, unsere Städtische Bauverwaltung hat hier etwas wirklich Schönes und Zweckmäßiges geschaffen, das muß restlos anerkannt werden, weiteres Lob verdienen auch die Lieferanten und Unternehmer. Vor allem aber gebührt der Dank der Allgemeinheit den edlen Spendern, Herrn und Frau Kommerzienrat Noll, von denen im Gebäude selbst nur eine schlichte weiße Tafel Kunde gibt:
>
> **Stiftung**
> **der Eheleute Kommerzienrat Noll**
> **1913.**
>
> Eine photographische Aufnahme bannte die Stadtväter auf die Platte und eine innere Anfeuchtung, da zur äußeren Anfeuchtung das Wetter doch noch zu frisch sei, wie der 1. Bürgermeister launig bemerkte, ließ zuerst den Geschäftsbetrieb nach dieser Richtung hin in Tätigkeit treten. Das erste Glas weihte Kommerzienrat Hattenhauer dem Spender, K.-R. Noll, der dann ebenfalls im weiteren Verlaufe des Beisammenseins das Wort ergriff zu einer schlichten Dankrede, in der er zunächst auch im Namen seiner Frau für die freundlichen Worte, die ihnen gewidmet seien, dankte. Er bitte, nicht zu viel Aufhebens hiervon zu machen, was er getan, habe er gern getan, andere in seinem Stande würden das auch getan haben. Der Dank gebühre in erster Linie dem Stadtbaurat Burr, der hier wirklich etwas Schönes geschaffen habe, was er durch ein dreifaches Hoch auf den Genannten zum Ausdruck zu geben bitte. — Noch weiterhin folgte aus dem frohen Kreise Rede und Gegenrede, schön saß sich auf der schattigen Gallerie mit dem Blick auf den breit dahinflutenden Strom und ein Gefühl des Dankes, der Freude und Genugtuung stieg wohl in jedem auf, daß durch eine hochherzige Stiftung unserer Vaterstadt ein weiteres Glied in die Kette ihrer gemeinnützigen Einrichtungen eingefügt ist.

Die genannte photographische Aufnahme mit den Stadtvätern hängt noch heute in der Eingangshalle des Kommunalarchivs Minden.

Weitere Stiftungen und Schenkungen der »Eheleute Kommerzienrat Noll«, wie z.B. die für die Ausschmückung der Kapelle auf dem neuen Friedhof, wurden vom Magistrat der Stadt Minden ebenfalls herzlich dankend angenommen.

Nach den ausgiebigen Beschreibungen zur globalen Firmengeschichte soll jetzt zu den technischen Vorgängen in der Zigarrenkistenfabrik Gebr. Busch übergegangen werden. Die Dampfmaschine war seit ihrer Gründung die wichtigste Quelle für die Bereitstellung von Bewegungsenergie zum Antrieb von Maschinen. Im Laufe der Jahrzehnte konnte ein Kesselhaus mit zwei Hochdruck-Doppelkesseln bis 12 atü[22] gebaut werden; das entspricht einer Dampftemperatur von 180^0 Celsius. Mit dem in den Kesseln erzeugten Dampfdruck wurde die Dampfmaschine in Bewegung versetzt, die über Transmissionen mit Treibriemen die verschiedenen Werkzeugmaschinen zum Sägen des angelieferten Rundholzes zu Schnittholz antrieb.

Horizontalgatter, hier schon mit Antrieb durch Elektromotor nach [23], Seite 22.

Ab Anfang des 19. Jahrhunderts waren die ersten dampfbetriebenen Block-Furniersägen schon im Einsatz

Den Archivunterlagen ist nicht zu entnehmen, ab wann bei Gebr. Busch außer Gattersägen auch Bandsägen und Kreissägen zum Zuschneiden der Zigarrenkisten-Brettchen eingesetzt und über Transmissionen angetrieben wurden. Es ist aber davon auszugehen, dass sie einige Zeit vor 1880 schon installiert waren.

Im KAM befinden sich auch viele Geschäftspapiere wie Buchführungsunterlagen, Jahresabschlüsse etc., s. Anhang ab Seite 135, die unter anderem belegen, dass es zwischen Gebr. Busch und den Zigarrenmanufakturen, besonders in der näheren Umgebung, rege Lieferbeziehungen von Kistenbrettchen gab, s. auch Seite 9 unten. Kleinere Manufakturen konnten sich verständlicherweise einen durch Dampfmaschinen angetriebenen Maschinenpark, mit dem die Furniere geschält und gesägt wurden, nicht leisten. Deshalb bezog man sie z.B. von Fa. Busch und nagelte sie dann selbst maßgerecht zusammen. So auch in der Zigarrenfabrik von Wilhelm Strathmann (dem jüngeren Bruder von Carl Strathmann, der die väterliche Manufaktur in Dünne bei Bünde geerbt hatte). Auf diese Weise entstand übrigens schon früh die Verbindung zwischen den Familien Busch bzw. Noll und Strathmann.

Der allgemeine technische Fortschritt bot eine Ausweitung der Produktionsmöglichkeiten, wobei die Herstellung von Furnieren in der Zigarrenkistenfabrik Gebr. Busch bis zum Anfang des Ersten Weltkrieges in den Vordergrund rückte. Grundsätzlich werden 0,3 mm (dünn wie ein Blatt Packpapier für Intarsienarbeiten) bis 6 mm dicke Blätter aus Holz als Furniere bezeichnet, die durch verschiedene Säge- und Schneideverfahren vom Stamm abgetrennt werden.

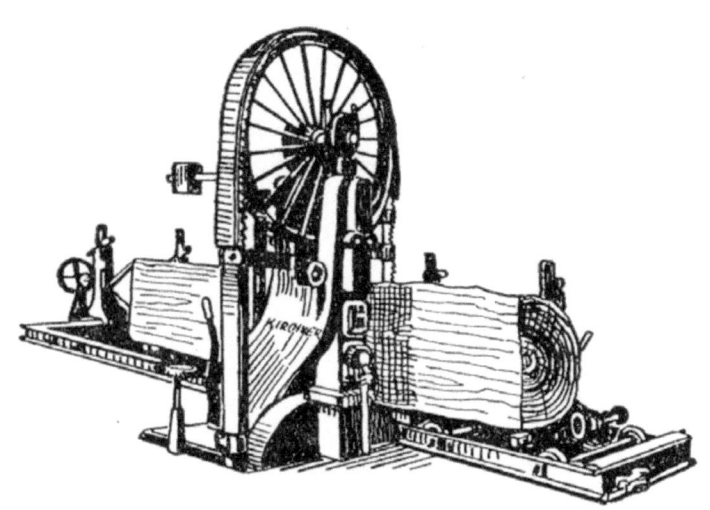

Blockbandsäge, nach [23], dort Seite 23

Zunächst wurden Furniere generell mit Sägemaschinen hergestellt, dann mit Schälmaschinen und später durch die damals neuen Messer-Maschinen. Einfache Furniere werden in der Regel durch Schälen von Rundholz produziert. Vor dem Schälen muss das Stammholz in großen Dämpfgruben, je nach Holzart und Dicke der Stämme, 24 bis 48 Stunden lang heißem Wasserdampf von weit über 100 Grad Celsius ausgesetzt werden. Die Stämme haben dabei Kontakt mit dem Wasserdampf und können darum die Feuchtigkeit aufsaugen. Das macht das Holz weicher und geschmeidiger. Gleich danach, also bei möglichst noch warmem Holz, wird der Stamm entrindet und in ca. 1,20 bis 2,00 Meter lange Stammabschnitte abgelängt. Diese werden dann in die Schälmaschine eingespannt, wie eine Walze um seine Längsachse drehbar. Der Stamm rotiert anschließend schnell um die eigene Achse gegen einen Messerbalken, der ein Furnierband abschneidet, wobei sich das dünne Furnierholz abwickelt wie das Papier von einer Küchenpapierrolle.

Die geschälten Furniere, und später auch die „gemesserten" Furniere, müssen anschließend getrocknet und gepresst werden, um eine stabile Stand- und Formfestigkeit zu erreichen. Die generelle Arbeitsweise solcher Maschinen zeigt das nachstehende Bild; auch in der Fa. Gebr. Busch wurde so verfahren. Das Furnier-Schälen geschieht nach folgendem Prinzip, siehe Internet [24] und auch die Bilder in den Seiten 48, 54, 55, 56:

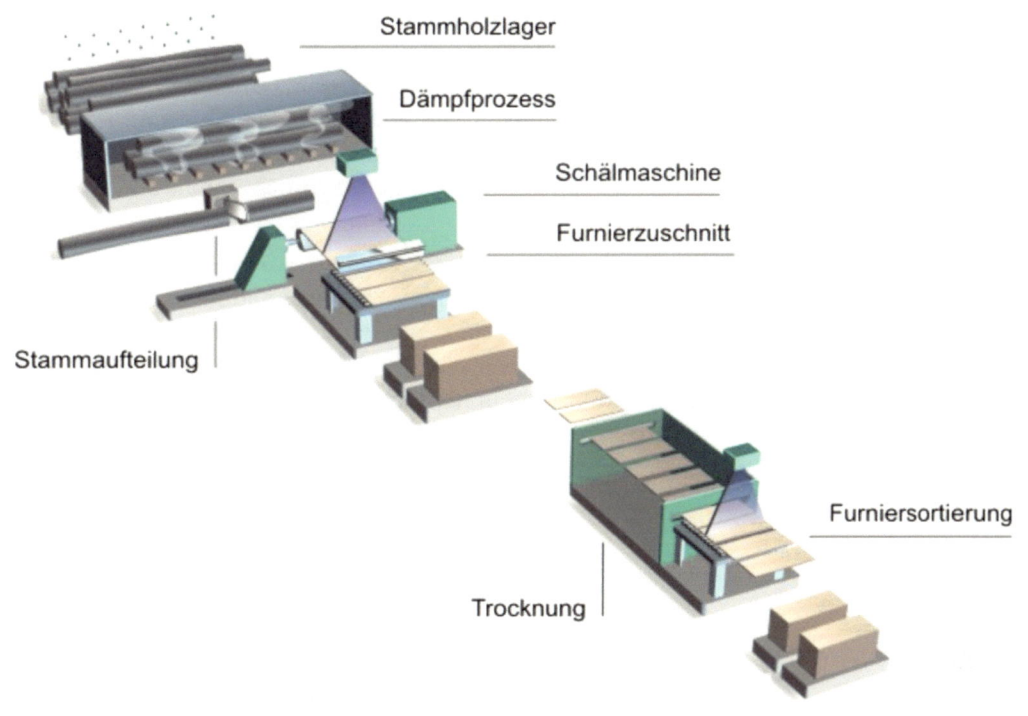

Prinzip des Schälfurnier-Arbeitsablaufs

Quelle: Fritz Becker KG, Brakel, Sperrholzfabrik

Natürlich musste vor der eigentlichen Produktionsarbeit in der Fabrik das zu verarbeitende Holz angeliefert werden. An dem neuen Standort gab es am Kohlenufer, auf der rechten Weserseite von Minden unterhalb des alten Weserhafens – wie am Ende des vorigen Kapitels schon erwähnt – einen günstigen Anlegeplatz für Binnenschiffe. Auch eine Kaimauer mit Kränen für das Ausladen von Baumstämmen stand schon verhältnismäßig früh zur Verfügung. Die Kopie eines Gemäldes von PAUL SEMBTNER aus Minden auf der Vorderseite des Einbanddeckels dieses Buches zeigt, mit einigen künstlerischen Freiheiten, die Situation im Jahre 1911. Der Mittellandkanal, offiziell Ems-Weser-Kanal, ist im Bau, wie der Abraumbagger am rechten Bildrand erkennen lässt.

Anfangs konzentrierte sich die Produktion ganz auf die Furnierherstellung für Zigarrenkisten. Die dazu benötigten Rundhölzer waren Okoumé (Aucoumea klaineana), vorwiegend aus Gabun, Französisch Kongo und auch Spanisch Guinea. Der Handelsname für das Rundholz war Okoumé. Sowie das Holz verarbeitet war, änderte sich der Name in Gabun(-Furnier). Dieses Gabun war für die Kistenherstellung für Zigarren als Massenware das überwiegend verwendete Holz[25]. Für die Verpackung von höherwertigen Zigarren wurde Cedro aus Mittelamerika eingeführt. Der botanische Name ist Cedera mexicana oder auch Cedera odorata. Cedro ist keine Zeder, sondern ein Laubbaum, ein Balsambaumgewächs der Familie Burseraceae. Einige Eigenschaften haben Okoumé und Cedro aber gemeinsam, insbesondere den stark aromatischen Geruch, siehe auch[26]. Vor allem sind diese Hölzer weich und leicht zu schälen, man sagt bekanntlich: leicht und weich wie Balsam.

Die folgenden Fotografien[27] aus der Zeit um 1900 zeigen das Anlanden der geflößten Okoumé-Stämme aus dem Landesinneren Gabuns in einem Reedehafen an der Westküste Afrikas, sowie die anschließende Entrindung und das wieder Zuwasserbringen und Verholen zu den Seeschiffen; der Name des Hafens konnte nicht mehr ermittelt werden. Soviel zur Herkunft des von Gebr. Busch verarbeiteten Holzes für Zigarrenkisten aus Gabun und auch Mittelamerika. Bezogen wurde es über Holzhändler in Bremen und Hamburg.

Anlanden der Stämme in Gabun an der afrikanischen Westküste und Entrinden durch Behauen mit Äxten

*Lagerplatz mit Dampf-Bockkran.
Weil die abgebildeten Stämme zu rechteckigen Querschnitten behauen wurden,
sind sie wohl für Sägefurniere vorgesehen*

Auf Schienen an die Wasserkante gerollt, ...

... werden die Stämme auf den Schienen mit Menschenkraft so weit gezogen, ...

... dass sie ins Wasser gekippt werden können

Auf der Reede werden die Stämme mit Ruderbooten zu den Seeschiffen geschleppt und dort an Bord genommen

Nach dem Eintreffen des Frachters in Bremen ging die Holzladung in Binnenschiffen weseraufwärts nach Minden bis zum Kohlenufer. Der Kran der Fabrik hebt das Stammholz aus dem Schiff, schwenkt es über den Uferrand und legt es mittig auf eine Schienenlore. Mit dem nebenstehenden und dem nächsten Bild aus den Jahren um 1930 wird dieses gezeigt. Weil die gezeigten Stämme als Rundholz angeliefert wurden, sollen sie wahrscheinlich schon im Schälverfahren weiterverarbeitet werden. – Im Hintergrund überquert die Mittellandkanalbrücke die Weser.

Pferde, wie in diesem Falle „Hektor", ziehen die Schienenlore mit dem Stamm zum Lagerplatz in der Fabrik

Von dem in der obigen Bildunterschrift genannten Lagerplatz gibt es leider kein geeignetes zeitgemäßes Foto.

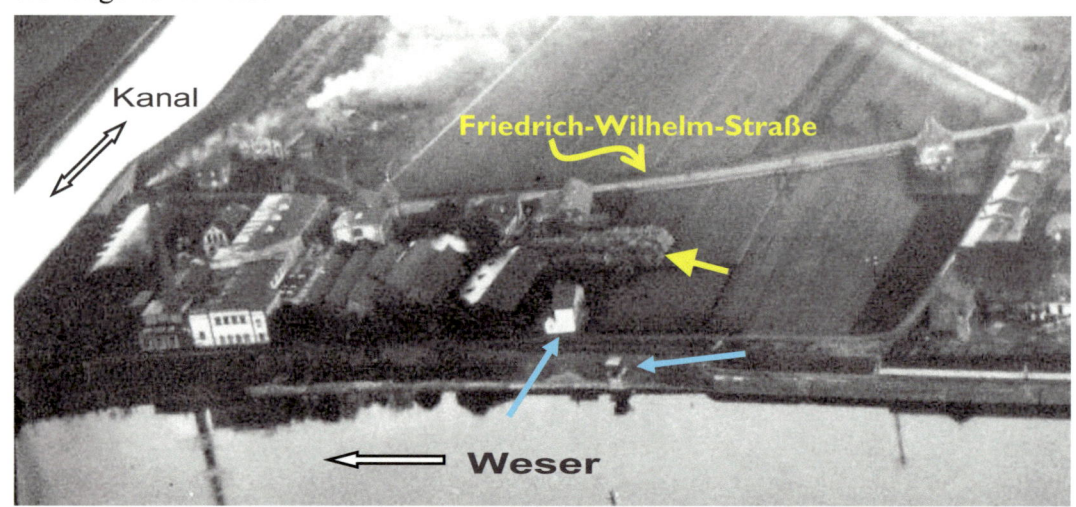

Luftaufnahme, ungefähr aus dem Jahre 1932

Die auf der vorigen Seite gezeigte Luftaufnahme lässt wegen zu geringer Bildschärfe keine Ausschnittvergrößerung zu. Sie zeigt, mit Blick nach Osten, vor der Friedrich-Wilhelm-Straße die Kistenfabrik Gebr. Busch und links oberhalb davon die Eisengießerei Held & Seeger. Der gerade gelbe Pfeil deutet auf den vorgenannten Lagerplatz für das Stammholz. Die blauen Pfeile weisen auf den Bockkran im vorigen Bild und auf das Wohnhaus von Werkmeister Strathmann, dem Großvater des Autors.

Das nun folgende Foto zeigt einen Teil des Lagerplatzes im Jahre 1956. Der durch die Bombenangriffe stark beschädigte Laufkran ist repariert.

Die ersten Schälmaschinen kamen in den 1880er Jahren auf. Davon wurden von Gebr. Busch zwei angeschafft. Diese Maschinen ermöglichten eine wesentlich schnellere Fertigung von Furnieren als die Sägemaschinen. Überdies gibt es durch das Schälen mit den sogenannten Messerbalken keinen Abfall. Im Gegensatz dazu entsteht beim Sägen von Furnieren, je nach Sägeblattdicke und in Anhängigkeit von der zu produzierenden Furnierstärke, ca. 50 % bis 80 % des Stammes Sägemehl, also Abfall. Allerdings entfallen beim Sägen das Dämpfen und das Trocknen, was zusätzliche Arbeitsgänge und Dampfenergie erfordert. Der Hochdruckdampf kam zwar aus den sowieso vorhandenen Dampfkesseln, erhöhte aber die Produktionskosten nicht unerheblich.

Mit dem nächsten Bild wird die Schälmaschine der ersten Generation bei Busch gezeigt. Sie hatte für den Autor eine besondere Bedeutung. Er hat in seiner Zeit als Schüler in Minden (in den Sommerferien 1944) manchmal mithelfen dürfen, und zwar die im Hintergrund sichtbaren Stammabschnitte mit dem Flaschenzug hochgezogen und in die Position gebracht, wie auf dem Bild im Hintergrund sichtbar. Dann übernahm der Vorarbeiter und spannte den Stamm in die Schälmaschine. Werkmeister Strathmann, also sein Großvater, durfte das nicht sehen, denn es war nicht ganz ungefährlich. Als er einmal unerwartete erschien, beruhigte der Vorarbeiter ihn, er würde schon aufpassen.

Im 8. Kapitel dieser Schrift wird eine damit verbundene Dramatik genauer beschrieben.

Schälfurniermaschine

1911 brannte ein Großteil der Firma ab. Ein neues Gebäude wurde errichtet, das den derzeitigen Produktionsmethoden und Vorschriften entsprach. Es war doppelstöckig und reichte vom Letelner Kirchweg am Kohlenufer bis zu den Kleinbahnschienen. Daneben wurde auch ein neues Bürogebäude gebaut.

Brand des Maschinengebäudes 1911. Der Mittellandkanal war noch im Bauzustand, der Kanaldamm ist auf dem Bild noch nicht zu sehen

Der Neubau der Stahlbeton-Werkhalle, siehe nächstes Bild, hatte zum Letelner Kirchweg hin im Anbau Aufenthaltsräume, unten männlich, oben weiblich. In der Haupthalle befand sich ein Aufzug, der die Furniere in das obere Stockwerk zu den Trockenkanälen transportierte. Diese wurden mit Dampf beheizt, und große Exhauster sorgten für den Luftdurchzug. In der Mitte des Gebäudes war die Dampfmaschine mit dem großen Schwungrad und den Haupttransmissionsständern für den Antrieb aller Maschinen. Daran schloss sich unten die Sägerei an; hier wurden die Furniere so zurechtgeschnitten oder -gesägt, dass aus einem Brett eine Zigarrenkiste gefertigt werden konnte. Danach wurden die Bretter in einer bestimmten Anzahl gebündelt und kamen in einen Nebenraum der Halle. Dort stand die Presse, in der die Bretter ca. 24 Stunden mit Hochdruck gepresst wurden, damit eine besondere und dauerhafte Formfestigkeit zustande kam. Ein Teil wurde weiterbearbeitet, ein anderer Teil kam in einen riesigen Schuppen in Stapeln, die oben durch Eisenplatten oder Eisenbahnschienen in gleicher Länge weiter unter Druck gehalten wurden. Die Stapel im Schuppen waren nur für Zigarrenfabriken vorgesehen, die eine eigene Weiterverarbeitung zu Zigarrenkisten betrieben, durch Sägen, Vernageln und Bekleben.

*Ansicht der Weseruferseite mit den Neubauten um 1930.
Ganz rechts das Wohnhaus von Werkmeister Strathmann*

In den 1890er Jahren wurden neue Schälmaschinen entwickelt (ähnlich wie Bleistiftanspitzer, allerdings nicht wie bei diesen konisch, sondern zylindrisch, was eine besonders raffiniert erdachte Messerstellung für das Schälen erforderte). Die Furnierplatten konnten dann je nach Länge durch eine Furnierschere gekappt werden. Die Furnierstärke wurde mittels mechanischer Umstellung des Messerwinkels eingestellt. Das war ein gewaltiger Fortschritt, da nun in kürzerer Zeit wesentlich mehr Furnierholz zur Weiterverarbeitung zur Verfügung stand. Auch das Trocknen der Furniere wurde verbessert.

Die Trockenkanäle waren 1911 so konzipiert, dass nur kleinteilige Zigarrenkisten-Brettchen auf Loren getrocknet werden konnten. 1937 wurde ein Rollentrockner angeschafft, in den ganze Furnierplatten passten. Erst nach der Trocknung wurden dann die Platten auf Maß gesägt. Das Vernageln und Bekleben der Zigarrenkisten geschah teils mechanisch, teils durch Handarbeit.

Die nachstehende Zeichnung aus dem Jahre 1924 zeigt die Grundrisse der Gebäude besonders übersichtlich. Es sind jedoch nur die Entwässerungsleitungen für Brauchwasser und Regenwasser der Fabrikgebäude und des umgebenden Geländes eingetragen. Man beachte auch, dass die Friedrich-Wilhelm-Straße mit Werkbahngleis am unteren Bildrand verläuft und die nicht eingezeichnete Weser am oberen Bildrand fließen würde. Wichtige fehlende Teile, wie die Laufkran-Anlage für das Verbringen der Baumstämme, bei Gebr. Busch „Flieger" genannt, und die Dämpfgrube sind vom Autor nachträglich farbig eingezeichnet worden. Weil die Original-Gebäudebezeichnungen kaum lesbar sind, wurden sie ebenfalls vergrößert eingetragen.

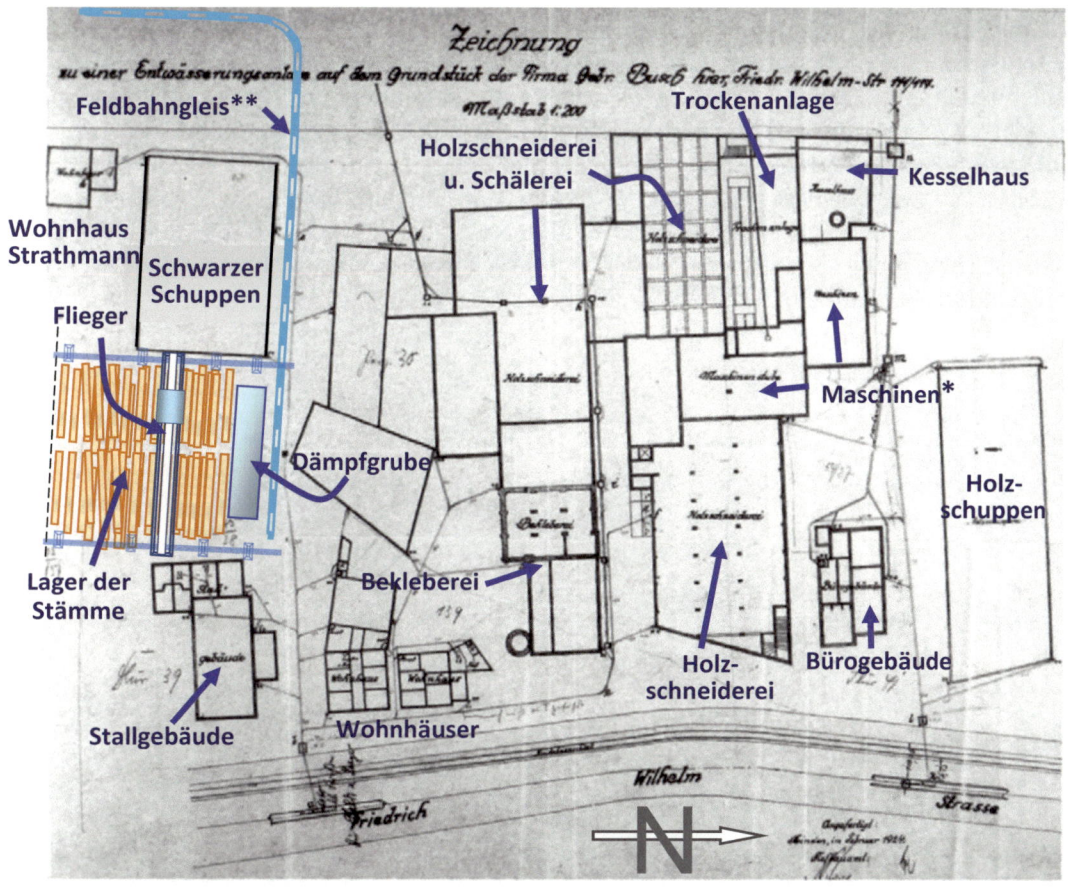

Diese Grundriss-Zeichnung von 1924 gibt den Zustand am besten wieder, der bis zum Bombenangriff 1944 so fast unverändert blieb. In diesem Bild fließt die Weser oben, von links nach rechts

Zur vorigen Grundriss-Zeichnung noch die Hinweise:

* *„Maschinen" bedeutet: Dampfmaschine und durch sie über Transmissionen und Treibriemen angetriebene Kreis- und Bandsägen sowie Furnierschälmaschinen. Es gab in den Maschinenräumen auch schon Elektromotoren.*

** *Feldbahngleise waren über das ganze Fabrikgelände verteilt.*

Wie auf Seite 17 bereits erwähnt, gab es schon zu Beginn des Aufbaus der Fabrik am Kohlenufer einen Gleisanschluss für die Mindener Kreisbahn. Diese Bahnlinie hatte anfangs Schmalspur und verlief vom Mindener Güterbahnhof ab der Karlstraße parallel zur Friedrich-Wilhelm-Straße, zwischen westlichem Gehweg und der Straßen-Fahrbahn. Es führte zur Versorgung der Fabrikbetriebe nach Leteln bis zur Leimfabrik an der Fluss-Straße und hatte eine Abzweigung auf das Fabrikgelände von Gebr. Busch. Das war nicht nur für den Abtransport der fertigen Produkte an die Kunden von immenser Bedeutung, sondern zunehmend auch für die Anlieferung der ausländischen Stammhölzer. Mit dem folgenden Foto wird erkenntlich, wenn auch nur andeutungsweise, dass die Holzladungen auf den Normalspur-Rungenwagen der Reichsbahn, die auf Schmalspur-Unterwagen der Kreisbahn gesetzt sind, angerollt wurden. Dort wurden die Stämme mit dem Portalkran auf die (hier nicht abgebildeten) Loren auf dem links im Foto sichtbaren Feldbahngleis umgeladen und schließlich mit einem der Pferde zur Dämpfgrube gezogen.

Hier wurden die Stämme mit dem Portalkran auf die Feldbahn-Loren umgeladen

In dem Foto auf der nächsten Seite, aus der Zeit des Wiederaufbaus der Fabrik nach dem Kriege, sieht man die Wasserdampfwolken aus der Dämpfgrube steigen, die in den Boden eingelassen ist. Der „Flieger" ist auch repariert und in Teilen erneuert.

Nach dem Dämpfen und der Entfernung der evtl. noch vorhandenen Baumrinden werden die Stammabschnitte mit Kettensägen, die von zwei Männern zu den auf dem Boden liegenden ganzen Stämmen getragen und bedient werden, auf Bearbeitungslänge zugeschnitten und zu den Schälmaschinen transportiert.

Die Transporte innerhalb des Betriebes fanden überwiegend auf Schienen der Feldbahnen statt. An den Kreuzungspunkten waren Drehscheibenschienen. Die Wagen aus Stahl waren je nach Bedarf für Zigarrenkistenbrettchen oder für Furniere konstruiert. Für das Verladen der Rundhölzer waren spezielle Lorenfahrzeuge im Einsatz, die von Pferden gezogen wurden. Für die schweren Arbeiten war das belgische Kaltblutpferd Moritz im Einsatz, für leichtere das Warmblutpferd Max, das normale Flachwagen, Kastenwagen und auch die Kutsche zog. Die beiden leichteren Pferde, Hektor und Liese, waren gleich zu Beginn des Krieges von der Wehrmacht eingezogen worden. Das letzte Pferd, das noch 1944 von der Wehrmacht requiriert wurde, war Max.

Unten wird die Wechselradtabelle gezeigt, der die Steuerungswerte für die modernen Schälmaschinen entnommen wurde. Einstellbar sind 65 mögliche Furnierstärken bei der Maschine Baujahr 1950. Mit ihnen können Furnierblätter abgeschält werden in Stärken zwischen 0,65 mm – blau umrahmtes Tabellenfeld, so dünn wie Packpapier, und 6,0 mm – rot umrahmtes Tabellenfeld.

Wechselradtabelle — Typ GS 18 — 524

Furnierstärken in mm — Konstante 2,5

Wechselräder	I 23/42	II 25/40	III 27/39	IV 28/28	V 35/24	VI 37/18
24·27 / 30·45	0,65	0,75	0,95	1,2	1,75	2,45
24·30 / 27·45	0,8	0,92	1,05	1,5	2,15	3,0
30·27 / 24·45	1,0	1,15	1,3	1,87	2,73	3,83
24·45 / 30·31	1,6	1,8	2,0	2,9	4,2	6,0
24·45 / 27·30	1,8	2,08	2,32	3,35	4,86	×
25·45 / 27·30	1,9	2,17	2,4	3,5	5,0	×
26·45 / 27·30	2,0	2,26	2,5	3,62	5,27	×
27·45 / 26·30	2,14	2,44	2,67	3,9	5,7	×
27·45 / 25·30	2,2	2,53	2,8	4,0	5,9	×
27·45 / 24·30	2,32	2,64	2,92	4,22	×	×
29·45 / 25·30	2,4	2,7	3,0	4,35	×	×
29·45 / 24·30	2,5	2,83	3,14	4,5	×	×
30·45 / 24·27	2,84	3,25	3,58	5,2	×	×

Wechselräder Mod. 5 = 24 - 25 - 26 - 27 - 29 - 30 - 31 - 45
Die oberhalb des Bruchstriches stehenden Räder sind die treibenden, die unterhalb des Bruchstriches stehenden Räder sind die getriebenen.

A. Roller — 18.4.56 — Ersatz f. Zchg.Nr. 16432 — Nr 30 596

Die nächsten Abbildungen zeigen die damals modernsten Schälmaschinen, die allerdings erst ab 1950, also nach dem Kriege, eingesetzt wurden:

Bei den modernen Schälmaschinen ist es möglich, bis zu 2 Meter lange Stammabschnitte einzuspannen

Oft will man schmalere Streifen in einem Arbeitsgang abschälen, wie hier sichtbar

Die abgeschälten Furnierbänder landen auf den unten gezeigten rollbaren Arbeitstischen, auf denen sie für die Trocknung zusammengelegt werden. Weitere Arbeitsgänge des Schälens, Schneidens und Formatierens zeigen die nächsten Fotos.

Nun noch ein Foto aus der Bekleberei, in der die Papier-Etiketten auf und an die Zigarrenkisten geklebt werden:

Das war die typische Frauentätigkeit in der Fabrik. Aber auch an den Feinsägemaschinen leisteten die Frauen gute Arbeit, siehe das Foto auf der Seite 57 oben.

Am Ende dieser Bildergalerie noch ein Bild von den Feuertüren des Dampfkessels, in dem vorwiegend immer noch das anfallende Abfallholz und Holzspäne zum Heizen verbrannt wurden. Leider gibt es kein Foto mehr von der imposanten Dampfmaschine, die der Autor als Kind einige Male bestaunen durfte.

Schon weiter oben ist beschrieben worden, dass nach dem Ersten Weltkrieg der Konsum von Zigarren zurückgegangen war; es wurden mehr Zigaretten geraucht. Auch in der traditionellen Fabrikation der Zigarrenkisten bei Gebr. Busch führte dieses zu erheblichen Umstellungen; denn die Fertigung von Schälfurnieren für die Möbelindustrie wurde Mitte der dreißiger Jahre zum vorrangigen Produktionsbereich. Diese Furniere waren die Unterschicht für Sperrholz, das ein dominierendes Produkt in der holzverarbeitenden Industrie geworden war.

Inzwischen hatte es zeitbedingte Veränderungen in der Führungsstruktur der Fa. Gebr. Busch gegeben. Im Jahre 1917 hatte Kommerzienrat Robert Noll seine Unternehmen bereits in die Hände seiner drei Söhne Heinrich, Dr. Robert und Friedrich Noll gelegt, die sie nach den Vorstellungen des Vaters und in seinem Geiste mit sichtbarem Erfolg weiterführten, was in den Jahren nach dem Ersten Weltkrieg bei Inflation und Rezession kein leichtes Unterfangen war. Sohn Friedrich übernahm die Führung der Zigarrenkistenfabrik.

Zehn Jahre später, genau am 14. Mai 1927, vollendete der Kommerzienrat in voller körperlicher und geistiger Frische sein 80. Lebensjahr. Dieses wurde im Mindener Tageblatt desselben Tages in einem ausführlichen Artikel mit seinem Lebenslauf und seinen Erfolgen als führender Unternehmer gewürdigt.

Kommerzienrat Noll 80 Jahre alt.

* Einer der verdientesten und geachtetsten Persönlichkeiten unserer Stadt, Herr Kommerzienrat R. Noll, vollendet heute seinen 80. Geburtstag. In körperlicher und geistiger Gesundheit und Frische ist es ihm vergönnt, diesen Tag zu feiern. Rob. Noll, ein Kind unserer Stadt, geboren am 14. Mai 1847 als Sohn des Fabrikbesitzers Friedr. Noll, widmete er sich nach Absolvierung des hiesigen Realgymnasiums dem Kaufmannsstande und erhielt seine berufliche Ausbildung in Hamburg, Halberstadt und Amsterdam. Der militärischen Dienstpflicht genügte Herr Noll beim Fuß-Artillerie-Regt. Nr. 7 in Minden und nahm 1870/71 am Kriege gegen Frankreich teil. Nach seiner Verheiratung im Jahre 1874 mit Fräulein Elise Busch wurde er Teilhaber der Kistenfabrik Gebr. Busch, übernahm nach dem Ableben seines Schwiegervaters auch die chemische Fabrik J. H. Busch in Brackwede und gründete im Jahre 1876 in Minden unter seinem Namen die bekannte Kunstwollfabrik am Kohlenufer. Ausgezeichnet durch hohe kaufmännische Begabung, klaren Sinn und rastlosen Fleiß, Gewissenhaftigkeit und vornehme Gesinnung im geschäftlichen Leben ist es ihm gelungen, reiches Vertrauen zu erwerben und seine drei Unternehmungen zu den bedeutendsten am Platze zu entwickeln, so daß in ihnen während der letzten 10 Jahre ständig rund 500 Arbeiter beschäftigt wurden. Für diese wie für seine Angestellten hatte Herr Noll stets ein warmes Herz und eine hilfreiche Hand und seine sozialen Einrichtungen und Stiftungen legen ehrendes Zeugnis von der Gesinnung ab, mit der er seine Aufgabe als Arbeitgeber auffaßte und in die Tat umsetzte. Trotz der starken Inanspruchnahme durch seine geschäftlichen Unternehmungen, die oft mehr als eines Mannes Arbeit verlangten und ausfüllten, hat er noch Zeit gefunden, sich dem Wohle seiner Vaterstadt zu widmen. Als Stadtverordneter hat er von 1891—1898 und von da ab als Stadtrat bis 1919 in vorbildlicher Treue gewirkt. Auch hier hat er seine soziale Gesinnung durch namhafte Stiftungen bekundet. Eine derselben, die ihm die Dankbarkeit der Stadt Minden und ihrer Bürgerschaft aus allen Kreisen der Bevölkerung auf lange

Jahre hinaus sichert, ist die Badeanstalt auf dem rechten Weserufer. Das Wirken und Schaffen einer solchen Persönlichkeit konnte weiteren Kreisen nicht verborgen bleiben und mußte auch die Anerkennung der Staatsregierung finden. Im Jahre 1911 erfolgte seine Ernennung zum Königl. Kommerzienrat. Im Jahre 1917 legte Herr Kommerzienrat Noll sein Lebenswerk in die Hände seiner drei Söhne, die nach des Vaters Vorbild und in seinem Geiste dasselbe mit sichtbarem Erfolge zu neuem Wachsen, Blühen und Gedeihen weiterführen. Im Kreise der Seinen, die ihn mit verehrender Liebe umgeben, beglückwünscht von Freunden und Bekannten aus nah und fern, feiert Herr Kommerzienrat Noll seinen 80. Geburtstag. Auch wir bringen ihm unsere herzlichsten Glückwünsche dar und geben der Hoffnung Ausdruck, daß es ihm vergönnt ist, noch lange Jahre in derselben körperlichen und geistigen Frische unter uns zu weilen und den gewohnten täglichen Spaziergang zu seinem Lebenswerk am Kohlenufer zu machen.

Die Ernennung zum Kommerzienrat erfolgte übrigens am 16.01.1905, nicht 1911 wie oben im Artikel angegeben; siehe die Kopie der Urkunde auf Seite 33.

Sechzehn Monate nach seinem 80sten Geburtstag, am 29. Sept. 1928, starb der Königl. Preuß. Kommerzienrat nach kurzer schwerer Krankheit, aber einem erfüllten Leben in seiner Heimatstadt Minden und wurde auf dem dortigen Nordfriedhof bei großer öffentlicher Anteilnahme beigesetzt.

Kommerzienrat Robert Noll etwa im Jahre 1925

Zwei Jahre später, seit 1930, gab es in Offenburg/Baden eine Zweigniederlassung der Fa. Gebr. Busch, in der nur die gefertigten Brettchen auf Maß gesägt, zusammengenagelt und beklebt wurden. Diese Niederlassung belieferte den gesamten süddeutschen Raum. Die Produktion geschah in Räumen, die von einer geschlossenen Kartonagenfabrik übernommen worden waren. Die Leitung in Offenbach übernahm der Sohn Robert des Inhabers Friedrich Noll; ihm wurde als Fabrikant mit Wirkung vom 24. Sept. 1930 Prokura für die Zweigniederlassung erteilt, siehe die nebenstehenden Zeitungsnotizen.

Die im Hauptwerk in Minden produzierten Brettchen, die nicht vor Ort weiterverarbeitet wurden, verließen die Fabrik mit der Bahn. Hauptabnehmer waren die Zigarrenfabriken in unmittelbarer Umgebung, besonders in den Kreisen Minden, Lübbecke und Bünde. Die Verladung erfolgte hierbei überwiegend über die Kleinbahn. Bei Transporten nach Zigarrenfabriken in Süddeutschland, speziell Offenburg, wurden für die kurze Strecke zwischen Fabrik und Güterbahnhof Minden die Waggons der Reichsbahn auf die kleinen Unterwagen der Schmalspurgleise gesetzt und zum Güterbahnhof gerollt. Von dort übernahm die Reichsbahn auf der Normalspur die Weiterfahrt. Ferner wurden von Minden aus auch Zigarrenfabriken im europäischen Ausland wie Spanien, Dänemark, aber auch in Südamerika beliefert.

Zurück zu Robert Noll jun. Er war als Nachfolger für die Firmenleitung vorgesehen und wurde später, nach den Brüdern Johann Heinrich und Julius Busch, nach Robert Noll sen. und Friedrich Noll, Firmeninhaber in der vierten Generation. Bereits 1933 hatte er auch für das Stammhaus in Minden Prokura erhalten, ab 1958 war er der alleinige Inhaber der Firma Gebr. Busch.

Dependance Offenbach/Baden der Fa. Gebr. Busch

Robert Noll jun. wurde am 15. März 1905 in Minden geboren, als Sohn des Friedrich Noll und seiner Ehefrau Lilli Heimrod, die aus einer Mindener Apothekerfamilie stammte. Nach der mittleren Reife als Schulabschluss erhielt Robert Noll jun. eine Ausbildung als Kaufmann, u. a. in der väterlichen Firma und in der Weserhütte Oeynhausen. Als die Firma Gebr. Busch 1930 in Offenburg/Baden eine Zweigfirma für die Herstellung der Zigarrenkisten gründete, erhielt er, wie schon erwähnt, für diesen Betrieb 1930 Prokura.

Robert Noll jun.

Wie in der Mitteilung auf folgender Seite zu lesen, wurde Robert Noll jun. im Juli 1939 auch als Teilhaber in die Zigarrenkistenfabrik in Minden aufgenommen.

Auf einer seiner Fahrten im Zusammenhang mit der Filiale Offenburg wurde er etwa 1931 in einen schweren Verkehrsunfall mit einem französischen Militärfahrzeug verwickelt und konnte gerade noch aus dem brennenden Auto gerettet werden. Bei diesem Unfall erlitt er einen Oberschenkelhalsbruch und musste von nun an mit einem verkürzten linken Bein leben. Deshalb war jetzt ein Handstock sein ständiger Begleiter.

Verlobung am 23. April 1934
Robert Noll jun. und Ilse Meyer

Am 8. September 1934 heiratete er in Vegesack Ilse Meyer, die Tochter des dortigen Apothekers. Aus dieser Ehe stammen die drei heute noch lebenden Kinder: Sohn Jürgen Noll, geb. am 25.01.1936, und die beiden Töchter Ilse-Brigitte, geb. am 22.03.1940, und Annette, geb. am 16.10.1944. Als Robert Noll jun. 1934 seine glückliche Ehe begann, konnte er nicht ahnen, welche schwierigen Zeiten er noch mit der Firma erleben würde. Wir weisen schon einmal auf die gravierenden Ereignisse hin: den verheerenden Bombenangriff vom 26. Oktober 1944, zehn Tage nach der Geburt seiner jüngsten Tochter

Annette (siehe dazu auf Seite 104 den Brief Robert Nolls jun. vom 30. Oktober 1944 an seine Schwiegereltern,) und die Beendigung der Produktion am 31. Oktober 1965. Dass er diese Ereignisse bewältigt hat, verdankte er auch der tatkräftigen Unterstützung seiner Familie, vor allem seiner Ehefrau Ilse. Sie hatte im Jahre 1981 die schwere Aufgabe, den restlichen Familienbesitz zu veräußern, was sie sehr belastete, s. Seite 128.

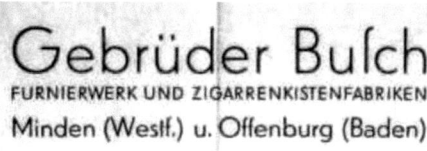

Die Dependance Offenburg ging nach dem Krieg verloren. Offenburg lag 1945 in der französischen Besatzungszone und war deshalb für die Inhaber zunächst nicht zugänglich. Im weiteren Verlauf bis zur Bizone und später der Trizone waren Teile der Maschinen von der französischen Besatzungsmacht beschlagnahmt worden. Da aber von Minden aus keine Zigarrenkistenbretter mehr geliefert werden konnten, wurde diese Dependance abgewickelt.

Neues politisches Umfeld

Das Leben hatte sich 1933 in Deutschland bekanntlich sehr verändert. Wie hat sich das auf die Zigarrenkistenfabrik der Gebr. Busch und die in ihr arbeitenden Menschen ausgewirkt? Die Eignerfamilien, die Arbeiter und die Angestellten waren mehrheitlich konservativ und obrigkeitstreu eingestellt. Die sozial fürsorgliche Grundhaltung der Inhaberfamilien Noll galt in Minden als vorbildlich. Ein Betriebsrat nach heutigem Muster hätte kaum etwas zu tun gehabt; alles wurde einvernehmlich sozial und friedlich geregelt. Dies ist allen einschlägig verfügbaren Quellen zu entnehmen, besonders auch den vielen Zeitungsartikeln; manchmal erscheint das vielfach ausgebrachte Lob einem nüchternen Leser sogar etwas übertrieben. Der Autor weiß aber von seiner weitverzweigten Mindener Familie, dass es auch ganz andere Firmen in Minden und Umland gab, in denen die Inhaber, gelinde gesagt, sehr ruppig mit ihren Arbeitnehmern umgingen.

Unterschiedliche politische Einstellungen gab es natürlich auch bei den Personen, die in der großen Familie der Zigarrenkistenfabrik Gebr. Busch arbeiteten. Auch in der Strathmannschen Familie waren verschiedene Anschauungen vertreten. Es gab unter dem Patriarchen Carl Strathmann, der im Kaiserreich groß geworden war, in der nachfolgenden Generation der Familie einen Freimaurer, ein NSDAP-Mitglied – schon seit 1925 –, eine Edelkommunistin, zwar nur in ihrer Jugend für ein Jahr, aber immerhin. Weiterhin Deutsch Nationale und, über alles erhaben, die von allen respektierte große alte Dame Marie Strathmann aus einer Sippe der Sattelmeier-Höfe, deren Vorgaben alle befolgten, auch der Patriarch. Toleranz gegenüber der Meinung anderer war großgeschrieben. Die ethische Grundlage war christliche Nächstenliebe, wenigstens Achtung vor der Meinung des anderen. – Man kann es als höchst ungerecht empfinden, dass ausgerechnet die Fa. Gebr. Busch, in den letzten Jahren ihrer Geschichte, so schreckliche Ereignisse wie die im nächsten Kapitel beschriebenen, verheerenden Bombenangriffe durchstehen musste.

Bevor zu einigen besonderen Ereignissen im Firmengeschehen von 1933 bis zum Ende des Zweiten Weltkrieges übergegangen wird, soll jetzt noch einmal das Erscheinungsbild der Kistenfabrik in Minden an der Friedrich-Wilhelm-Straße gezeigt werden, wie es sich zu der Zeit bot.

Blick vom Westen über die Vorlandwiesen der Weser auf das Kohlenufer, 1932

Blick von Süden, 1932

Blick von Südosten auf das Gebäude mit dem charakteristischen Eckturm, um 1932

Blick von Osten, um 1932

Links das Gebäude der Bekleberei für die Zigarrenkisten mit dem Eckturm, unter dem der Luftschutzkeller für die Männer war, die am 26.10.1944 durch den Volltreffer der ersten schweren Bombe alle sofort getötet wurden.

Rechts das Haus, unter dem sich der Luftschutzkeller für die Frauen befand. In ihm starben die meisten Frauen, entweder durch weitere Bomben, oder sie ertranken im auslaufenden Kanalwasser

Die Jahre nach dem Ersten Weltkrieg waren in Deutschland eine Zeit der Unruhen, der Unsicherheiten und der Veränderungen; dazu kamen die Inflation und die Weltwirtschaftskrise. Die Fa. Gebr. Busch konnte aus zwei Gründen ihre Arbeit fortsetzen. Erstens waren in der Fabrik keine kriegswichtigen Rüstungsgüter hergestellt worden; Kisten jeglicher Art und Furniere wurden weiterhin gebraucht. Der Bedarf war vorhanden und eine Umstellung der Produktion nicht erforderlich. Zweitens hatte die Geschäftsleitung der Fa. Gebr. Busch stets bestens vorgesorgt und immer gefüllte Stammholzvorräte. Man musste also das Ausgangsmaterial nicht übertreuert bezahlen (mit fast wertlosem Geld), man hatte schon genügend auf Lager. Der Autor ist im Besitz von Familienfotos[28] aus den Inflationsjahren, auf denen der Werkmeister mit seiner Frau und seinen Kindern am Rande des Lagerplatzes mit hoch gestapeltem Holz abgebildet ist. Bemerkenswert ist der Umstand, dass auch in den schwierigen Jahren nach dem Ersten Weltkrieg mindestens bis 1930 gleichzeitig rund 240 Personen beschäftigt waren. Darunter auch viele Frauen, wobei anzunehmen ist, dass sie nicht alle Vollzeitkräfte waren. Wichtig in der schwierigen Zeit war vor allem, überhaupt Arbeitsplätze zu erhalten bzw. anbieten zu können; das war ein sehr wichtiges Anliegen der Firmenleitung.

Gleich 1933 war der 1. Mai ein bedeutender, politisch hochgejubelter Feiertag. Man verschloss sich auch bei Busch nicht der allgemeinen Hoffnung, dass es nun unter Adolf Hitler wirtschaftlich wieder aufwärtsgeht. Aber nicht alle waren mit der sich abzeichnenden Art einverstanden, in der die „Volksgenossen" behandelt wurden und sich oft gegenseitig schikanierten. In den folgenden Bildern möge man sich die Gesichter daraufhin genauer ansehen, ob sie fröhliche Zuversicht oder Skepsis ausstrahlen. Es werden zwangsläufig die nationalsozialistischen Symbole zu sehen sein. Man betrachte sie als Teil einer ehrlichen Geschichtsschreibung.

Die Spitze des Mai-Umzuges mit dem Chef vorweg

Rechts vorne Werkmeister Strathmann. Eigentlich war er Gelegenheitsraucher.
In der Fabrik durfte natürlich wegen der Feuersgefahr nicht geraucht werden.
Dass er mit rauchender Zigarre im Schnabel marschierte, wurde als Affront gedeutet

*Die Damen wie immer am Schluss der Kolonne auf der Friedrich-Wilhelm-Straße.
Im Hintergrund links die Kistenfabrik und rechts der Kanaldamm*

Am Mindener Markt angekommen. Vorne links Friedrich Noll u. Carl Strathmann

Die Jahre nach 1933 verliefen für die Fabrik zunächst ohne herausragende Ereignisse. Für den Autor waren sie bedeutsam wegen prägender Kindheitserinnerungen. Die folgende autobiografische Beschreibung in diesem Kapitel soll diese vermitteln.

Großmutter Marie Strathmann mit mir, ihrem jüngsten Enkel, im Sommer 1933

Zwei Enkel der Großeltern Strathmann im Fenster ihres Hauses Friedrich-Wilhelm-Str. 117 am 3. August 1935

Im November 1935 starb Marie Strathmann kurz vor der goldenen Hochzeit im Alter von 76 Jahren. Als ein Jahr später, nämlich im Oktober 1936, das 50-jährige Dienstjubiläum von Carl Strathmann gefeiert wurde, war sie leider nicht mehr dabei.

Dieses Jubiläum haben auch die vier Strathmann-Töchter mit ihren Familien und die Enkelkinder miterleben dürfen. Es fehlten nur der jüngste Sohn Hermann, der bereits 1907 im Alter von acht Jahren an einer Hirnhautentzündung (Meningitis), wohl als Folge eines Zeckenbisses, gestorben war, und der älteste Sohn Carl, der schon in Argentinien lebte, siehe Seite 32. Ich war fünf Jahre alt und kann mich trotz der mittlerweile achtundsiebzig vergangenen Jahre noch gut an diesen Tag erinnern, jedenfalls an einige eindrucksvolle Szenen; in meiner Familie gibt es davon noch einige sehr vergilbte Fotografien.

Die Festivität begann vormittags. Ich wurde zu meiner Überraschung schon frühmorgens hübsch angezogen und brauchte nicht die ungeliebte Schürze zu tragen (die ich auf den Fotos oben anhatte; darum meine missliche Laune im linken Bild). So zwischen neun und zehn Uhr kamen der Chef Friedrich Noll und eine Abordnung der Belegschaft mit Kapelle – der Kutscher Ferdinand Isermann (siehe links) schlug die Pauke und der Kranführer Karl Voß die Becken – und brachten einen riesigen Fresskorb mit Steinhäger, Würsten und Schinken. So etwas hatte ich kleines Bürschchen natürlich noch nie gesehen. In der Fabrik war selbstverständlich den ganzen Tag über feierliche Stimmung. Zum Mittagessen war der Opa nicht da, ganz ungewöhnlich. Am Nachmittag heulte die zweitönige Fabrikpfeife viel früher als sonst; damit begannen der frühere Feierabend und das eigentliche Fest.

Es war Oktober und bereits früh dunkel. Werkmeister Strathmann wurde von einem Fackelzug abgeholt. Die Werkkapelle marschierte wieder voran. Dann folgte Inhaber Friedrich Noll mit dem Jubilar, der mich an die Hand nahm. Ich hielt eine mit brennender Kerze erleuchtete Laterne in einer Hand und marschierte stolz an der Spitze des Fackelzuges mit. So ging es ein paar hundert Meter auf dem schwarzen Schlackenweg zur Friedrich-Wilhelm-Straße in Richtung Leteln und durch die Kanalunterführung zur Gaststätte Willy Richter. Dort wurde ich von meiner Mutter beiseite genommen und mit der Familie in den Saal des Gasthauses geführt. Das Weitere entnehme man dem nachstehenden, eindrucksvollen Bericht des Mindener Tageblattes, auf den auf Seite 17 dieses Textes schon hingewiesen worden war. Er ist hier etwas zurechtgeschnippelt und vergrößert, damit man ihn auch im kleinen Buchformat noch lesen kann.

Jubilare der Arbeit wurden geehrt
Eine schöne Betriebsfeier bei der Firma Gebrüder Busch

Eine Betriebsfeier ganz besonderer Art konnte die Firma Gebrüder Busch, Inhaber Friedrich Noll, Zigarrenkistenfabrik, Minden, begehen. Galt es doch, das goldene Arbeitsjubiläum des Werkmeisters Karl Strathmann zu feiern. Betriebsführung und Gefolgschaft hatten in vorbildlicher Weise gesorgt, daß dieser Tag als Ehrentag in die Geschichte der bald hundertjährigen Firma eingeht.

Nach morgens vorgenommenen Ehrungen durch den Betriebsführer und die Gefolgschaft stellte sich abends bei Eintritt der Dunkelheit der gesamte Betrieb zu einem Fackelzug auf und holte den Jubilar von seiner Wohnung ab, geleitete ihn zu dem Richterschen Saale, der, festlich geschmückt, einen überwältigenden Eindruck machte. Auf der Bühne war das große Bild unseres Führers im Blumen- und Girlandenschmuck aufgestellt, während in einer anderen sehr stimmungsvoll wirkenden Anordnung die Bilder der früheren und jetzigen Betriebsführer zusammengestellt waren.

Die Ehrengäste und die Frauen hatten schon Platz genommen, als der Zug anlangte und vorerst sich ohne die Jubilare in den Festsaal begab. Die Betriebskapelle spielte den Choral: „Bis hierher hat mich Gott gebracht", und es war ein feierlicher Anblick, als der Jubilar, geführt von seinem Betriebsführer und von den übrigen 22 Jubilaren begleitet, den Saal betrat. Mit einer kurzen Ansprache des Betriebswalters und einem Blumenstrauß wurde Werkmeister S t r a t h m a n n begrüßt, und dann nahm der Betriebsführer das Wort. Er gedachte vorher unseres Führers als des Mannes, der durch seinen Mut und seine große Tatkraft es überhaupt ermöglicht habe, daß ein solches Zusammensein noch stattfinden könnte, denn während in der Welt Streiks, Aufruhr und Brand herrschten, befände sich Deutschland im Frieden und im Aufbau; jeder könnte seiner Arbeit nachgehen und für seine Familie sorgen, und das deutsche Volk könnte froh sein, einen Adolf Hitler zu besitzen, dessen ganzes Sein seinem Volke gewidmet sei. Mit einem dreifachen Sieg-Heil und den Nationalliedern wurde dieses Gedenken beendet. Dann nahm der Betriebsführer Gelegenheit, seinen Jubilar und seine Verdienste um das Werk zu feiern. Er bezeichnete ihn als einen seiner Besten, dem sein Betrieb viel verdanke, der sich stets mit voller Hingabe seinem verantwortungsvollen Posten gewidmet habe. Der Fleiß des Jubilars, sein fachmännisches Können und seine Liebe zum Beruf hätten viel mit dazu beigetragen, daß er heute mit Stolz sagen könne, sein Betrieb sei der bedeutendste dieser Art in ganz Deutschland. Durch Meister Strathmann sei auch manche Lösung schwieriger Probleme gefunden, die zu einer Verbesserung des Fabrikats führen und den Ruf der Firma begründen halfen.

Die größten Fabriken der Zigarrenindustrie in Deutschland könnte sein Werk zu den langjährigen treuen Abnehmern rechnen, und es erfüllt ihn mit tiefer Befriedigung, daß er außer dem goldenen Jubilar noch 22 weitere Mitarbeiter in seinem Betriebe zähle, die 46 bis 25 Jahre in Treue seinen Vorgängern und ihm ununterbrochen gedient hätten. Dieses seien seine Getreuen, auf die er sich in jedem Falle verlassen könne. Eine so große Anzahl von Mitarbeitern, deren er hier ehrend gedenken könne, seien der beste Beweis für den Geist, der ihn und seine Gefolgschaft beseele. Er danke ihnen für die treue Mitarbeit und fordere die übrigen Mitarbeiter auf, es ihnen gleichzutun, damit sie auch dereinst so vor ihm stehen könnten.

Der Betriebsführer gab noch bekannt, daß alle Jubilare mit einem Ehrengeschenk bedacht würden und außerdem jeder von ihnen die Ehrenurkunde der Industrie- und Handelskammer ausgehändigt erhalte. Er schloß seine Ansprache mit einem Sieg-Heil auf seine Jubilare. Darauf nahm Oberbürgermeister Althaus das Wort und richtete Worte des Dankes an Werkmeister Strathmann und seine Mitjubilare.

Er überbrachte die Glückwünsche des Regierungspräsidenten und brachte zur Kenntnis, daß der Führer bereits vormittags ein Glückwunschschreiben an den Jubilar aushändigen ließ. Der Reichs- und Preußische Wirtschaftsminister habe ebenfalls ein Glückwunschschreiben gesandt, dessen Inhalt der Oberbürgermeister bekanntgab, und der Regierungspräsident lasse ein Dankschreiben mit den besten Glückwünschen überreichen. Auch der Inhalt dieses Schreibens wurde verlesen. Außerdem habe der Regierungspräsident ein Schreiben gleichen Inhalts an alle die Arbeitsjubilare überreichen lassen, die über 40 Jahre in den Diensten der Firma ständen. Er übergab diese Schreiben jedem einzelnen der Jubilare mit dem Dank der Stadt. Ferner habe der Landrat ihn beauftragt, die herzlichsten Glückwünsche auszusprechen. In diesem Zusammenhange sprach der Oberbürgermeister auch den Betriebsführern der Firma Gebrüder Busch den herzlichsten Dank der Stadt aus. Der Name Noll sei mit dem Geschicke der Stadt eng verbunden. Aus dieser Familie seien immer wieder Männer hervorgegangen, die ehrenamtlich in der Stadtverwaltung tätig gewesen seien und deren Rat und auch stets hilfsbereite Unterstützung segensreich für Stadt und deren Bürgerschaft gewesen seien. Ihnen an dieser Stelle zu danken, sei ihm Ehrenpflicht.

Der Kreiswalter der DAF., Westermann, überbrachte die Glückwünsche der DAF und unterlegte seinen Ausführungen den Ausspruch des Generalfeldmarschalls von Hindenburg: „Die Treue ist das Mark der Ehre!", mit welchem die Jubilartafel sinnvoll geschmückt war. Er forderte weiteres Zusammenhalten und treue Pflichterfüllung, denn diese seien erforderlich, um Deutschland wieder Weltgeltung zu verschaffen, wie es das ganze Streben unseres Führers Adolf Hitler sei.

Danach sprach der Jubilar seinen Dank aus für die vielen Ehrungen und dankte besonders den Ehrengästen für ihre Ansprachen, die ihn tief bewegt hätten. Er gab dann einen Ueberblick über die Zeit seiner Wirksamkeit, worin besonders der Entwicklung der maschinellen Einrichtungen gedacht wurde. Es zeigte sich hier deutlich, wie deutscher Gewerbefleiß es fertig brachte, die handwerksmäßige Herstellung zum modernen Großbetrieb zu steigern, daß aber auch schon damals genaue Fabrikationskenntnis und wagemutiger Kaufmannsgeist dazu gehörten, um solche Erfolge zu erringen. Er betrachte es als seine Pflicht, darauf hinzuweisen, daß die gute Zusammenarbeit mit seinen Betriebsführern, denen er bereits in 4. Generation diene, ihr Weitblick und ihr Verständnis es ihm überhaupt erst ermöglicht hätten, heute noch an seinem Platze zu stehen.

Darauf gedachte er seiner Mitarbeiter, die im Kriege für das Vaterland gefallen seien, und während die Musik das Lied vom guten Kameraden spielte, verharrte die Festversammlung in ehrendem Schweigen. Seine Rede schloß mit den besten Wünschen für seine Firma und deren Inhaber und dem Wunsche, noch manchen Tag mit seinen erprobten Arbeitskameraden zusammen im Betrieb tätig sein zu können.

Die Namen der Jubilare der Firma sind:

1. Strathmann, Karl, Minden, 50 Jahre
2. Hormann, Friedrich, Minden, 46 Jahre
3. Denker, Heinrich, Aminghausen, 46 Jahre
4. Franke, Christian, Hasenkamp, 44 Jahre
5. Bornemann, Karl, Hasenkamp, 44 Jahre
6. Heuer, Anton, Päpinghausen, 43 Jahre
7. Korte, Christian, Aminghausen, 42 Jahre
8. Osterhold, Friedrich, Leteln, 42 Jahre
9. Bussing, Heinrich, Dankersen, 40 Jahre
10. Wendte, Christian, Minden, 39 Jahre
11. Windel, Karl, Minden, 39 Jahre
12. Denker, Heinrich, Aminghausen, 39 Jahre
13. Hanke, Christian, Dankersen, 36 Jahre
14. Röbke, Christian, Aminghausen, 36 Jahre
15. Fromme, Friedrich, Leteln, 35 Jahre
16. Denker, Christian, Hasenkamp, 34 Jahre
17. Rathert, Wilhelm, Minden, 32 Jahre
18. Bussing, Wilhelm, Hasenkamp, 29 Jahre
19. Denker, Heinrich, Aminghausen, 27 Jahre
20. Stahlhut, Karl, Päpinghausen, 26 Jahre
21. Röbke, Karl, Minden, 26 Jahre
22. Isemann, Ferdinand, Minden, 25 Jahre
23. Krüger, Friedrich, Dankersen, 25 Jahre

Dann vereinte ein gemeinsames Essen, welches der Küche des Wirtes alle Ehre machte, die Betriebsangehörigen, die Jubilare mit ihren Frauen, die Ehrengäste und die übrigen Teilnehmer der Feier. Nach dem Essen sprachen noch zwei Mitjubilare ihre Glückwünsche aus, sie feierten das Zusammenhalten in der Betriebsgemeinschaft, dankten für die Ehrungen und wiesen ihn auf das schon vor dem Kriege vorbildliche soziale Verständnis der Betriebsführer, die schon damals in dem Sinne wirkten, den unser Führer heute von jedem Betriebsführer fordert und für die Weiterentwicklung der deutschen Industrie und des gesamten deutschen Vaterlandes fordern muß.

Der dann folgende unterhaltende Teil brachte erhebende Stunden des Frohsinns. Talente aus der Gefolgschaft hatten in ihrer Freizeit sich liebevoll um die Ausgestaltung eines Programms bemüht und es wurde herzlich gelacht über die Darbietungen, die wohlgelungen waren. Altes Bauernbrauchtum wurde gezeigt, und ein wunderschöner Bauerntanz beschloß diesen Teil des Abends, der alle Teilnehmer voll befriedigte, das zeigte der immer wieder und zum Schluß ganz besonders stark gespendete Beifall.

Beim Tanz vergingen dann die Stunden schnell und für alle Teilnehmer des Festes war dieser Tag ein Erlebnis, das noch lange nachwirken wird und dazu beiträgt, das Gemeinschaftsgefühl in der Gefolgschaft zu erhalten und zu stärken zum Segen aller Schaffenden des Betriebes.

In dem Artikel ist nicht erwähnt, dass der Betriebsführer Friedrich Noll auch die besondere Persönlichkeit der Frau des Werkmeisters würdigte. Leider habe sie nicht mehr erleben können, in welcher Dankbarkeit man sich in der Firma an sie erinnere. Ich weiß noch recht gut, wie die Frauen in meiner Umgebung daraufhin zu weinen anfingen. Das verstand ich mit meinen fünf Jahren noch nicht so richtig. Das Fest war doch so schön, zumal ich nach dem Festschmaus eine besonders große Portion Eis essen durfte, bevor ich ins Bett gebracht wurde.

Der Artikel macht deutlich, wie groß der Zusammenhalt unter allen Firmenangehörigen war, vom Inhaber und Chef bis zum jüngsten Arbeiter. Dieser Zusammenhalt wurde in der Firma gelebt; er war nicht, wie man vermuten könnte, nur im Zeitungsbericht behauptet und ein Ergebnis nationalsozialistischer Propaganda. Der Kotau gegenüber der staatlichen Obrigkeit geschah bei einigen aus Überzeugung, bei anderen aber auch sehr nüchtern mit kritischer Zurückhaltung. Die Huldigung an den Führer war bei solchen Feiern und Berichten üblich und erforderlich; sonst hätte die Veranstaltung gar nicht stattfinden können, und ein Zeitungsartikel darüber wäre erst recht nicht veröffentlicht worden. Auch nach dem Kriege wurde dem Autor von Verwandten der Firmenangehörigen bestätigt, dass Gesinnungsunterschiede im Betrieb nur selten dramatische Ausmaße annahmen. Man fühlte sich kameradschaftlich verbunden.

Während des unterhaltenden Teils des Festabends wurde zum allgemeinen Gaudi, besonders des Jubilars Carl Strathmann selbst, ein Sketch aufgeführt, in dem er als begeisterter Schwimmer in seinem aufregenden Badeanzug dargestellt wurde (mir wurde das später erzählt, denn ich lag schon im Bett). Der Mime trug einen uralten, einteiligen Schwimmdress, die obere Hälfte schwarzweiß geringelt, die untere bis zum Knie einfarbig schwarz. Ich habe diesen Badeanzug des Mindener Schwimm-Vereins als Kind noch kennengelernt. Denn mein Opa schwamm in ihm in jedem Jahr an sehr heißen Sommertagen kurz vor Feierabend in der Weser eine Strecke von der Glashütte bis zur Kanalbrücke stromabwärts (die Weser war noch fast sauber). Zuletzt wagte er es noch einmal im Sommer 1944 mit 85 Jahren; ich schwamm als 14-jähriger in kurzem Abstand als Begleitschutz hinter ihm her. Mehrere Arbeiter hingen am Fabrikzaun und amüsierten sich.

Links der Schauplatz der abendlichen Festlichkeit an der Friedrich-Wilhelm-Straße nördlich des Mittellandkanals,
das Restaurant Willy Richter

Unten sieht man die gefeierten Jubilare auf der Bühne des Lokals aufgereiht. Über ihnen schweben die damaligen politischen Insignien, die Zahlen „50" sind Werkmeister Strathmann gewidmet. Mittendrin Friedrich und Robert Noll. Man erkennt sie daran, dass sie wie immer Krawatten tragen. Werkmeister Strathmann sitzt in der vorderen Reihe an der rechten Seite des Chefs Friedrich Noll, wie die meisten in seiner sauber gebürsteten schwarzen Arbeitskleidung, Durch seinen Arbeitsanzug zeigt er deutlich, dass er zu seinen Arbeitskameraden gehört. Der Platz neben dem Firmenchef gebührt ihm, weil er der goldene Jubilar ist.

Die Jubilare der Kistenfabrik Gebr. Busch mit ihren beiden Chefs im Oktober 1936

Alltag am Kohlenufer — Ruhe vor dem Sturm

Nun wieder zurück zum noch friedlichen Alltag am Weserufer. Vor der südlichen Front des Strathmannschen Wohnhauses gab es einen Garten mit Obstbäumen, daneben eine kleine Wiese und vor dem Lattenzaun eine Laube mit weißen Gartenmöbeln. Dahinter befanden sich die Stammholzvorräte der Fabrik auf dem großen Lagerplatz. Die beiden nächsten Bilder zeigen im Sommer des Jahres 1932 eine Idylle, die noch nichts ahnen lässt von dem Schrecklichen, das sich hier abspielen wird und auf das der Autor in seinem Bericht über die Bombenangriffe noch zurückkommt (ab Seite 89). An diesen Bildern kann man nämlich gut beschreiben, wie das Kanalwasser bis zum oberen Rand des Gartenzauns durch die mächtigen Baumstämme hindurchströmte, zunächst als Rinnsal, dann aber mit zunehmender Wucht. Die Gewalt war so groß, dass Sekunden später einige Stämme aufschwammen und, den Zaun und die Gartenmöbel mitreißend, über das Strathmannsche Grundstück Richtung Weserufer trieben.

*Der Autor als Kleinkind mit seiner Mutter Erika, geborene Strathmann,
auf der Wiese vor dem gut bestückten Lagerplatz für Rundholz
im Sommer 1932*

Eine ähnliche Szene.

Der Autor als Kleinkind in den Händen seiner Tante Maria, ebenfalls geborene Strathmann, wieder vor dem Lagerplatz

Aus der Zeit zwischen 1933 und dem Anfang des Zweiten Weltkrieges gibt es auch ein Foto mit einer weiteren idyllischen Szene. Jürgen Noll, der Sohn des letzten Inhabers, als kleiner Junge auf dem großen Pferd Max. Der Kutscher „Opa" Ferdinand Isermann bringt ihm das Reiten bei.

Jürgen Noll auf dem Pferd Moritz und Kutscher Ferdinand Isermann

Kurz vor dem Krieg und während der Kriegsdauer war es strengstens verboten, auf dem Gelände der Fabrik und der weiteren Umgebung zu fotografieren, mit der Begründung, das könne der Feindspionage dienen. Es gab nur einige offiziell zugelassene und beauftragte Fotografen, die Fotos machen durften, mit denen vor allem auch die späteren Folgen der Bombenangriffe bildlich festgehalten worden sind. Zu diesen Fotografien gehören alle im Kapitel 8 abgedruckten Fotos, die vor Kriegsende aufgenommen wurden. Es folgt nun die autobiografische Darstellung des Autors über seine Zeit in Minden während des Zweiten Weltkrieges bis zu den Bombenangriffen:

„Meine Eltern lebten mit meiner jüngeren Schwester und mir zunächst in Hamburg und seit 1935 in Bergedorf bei Hamburg. Im Februar 1943 kam ich 13-jährig über die Kinderlandverschickung (KLV) mit vier Klassen der Oberschule (Hansa-Schule in Hamburg-Bergedorf) in das Kloster Kreuzberg in Schwandorf in der Oberpfalz. Auf diese Weise entgingen wir Schüler im Juli 1943 den verheerenden Bombenangriffen auf Hamburg (Operation Gomorrha). Das KLV-Lager löste sich danach quasi von selbst auf, weil die Eltern ihre 11- bis 15-jährigen Söhne meistens persönlich zurückholten. Meine Mutter (die jüngste Tochter des Werkmeisters Strathmann) brachte mich aber nicht nach Hamburg zurück, sondern nach Minden zu ihrem Vater und ihrer Schwester, die dem Vater den Haushalt führte. In Bergedorf wollte man mich als Pimpf nämlich über das Deutsche Jungvolk (DJ) in eine Adolf-Hitler-Schule (AHS) einschulen, was meine Eltern unbedingt verhindern wollten. Sie brachten mich deshalb in die Staatl. Bessel-Oberrealschule, Oberschule für Jungen in Minden (Westf.)[29], damals an der Ecke Marienstraße/Immanuelstraße gelegen.

Man kann sich heute kaum noch vorstellen, dass viele Eltern aus ähnlichem Grunde erhebliche Schwierigkeiten mit der Obrigkeit bekamen – so auch mein Vater, der Reichsbankbeamter zunächst in Minden und ab 1927 in Hamburg war. In dieser Eigenschaft hatte er dienstlich Kontakte zu ausländischen Banken und Kaufleuten zu unterhalten, darunter zwangsläufig auch zu jüdischen Partnern. Da er Letzteren ohne jegliche Vorbehalte gegenübertrat und ihnen bis 1938 auch in privaten Angelegenheiten behilflich war, wurde er zunehmend von gewisser politischer Seite kritisch überwacht.

Seine Intervention gegen meine Umschulung in eine AHS machte das Maß voll. Im März 1942 wurde ihm ein Aufenthalt im Konzentrationslager Neuengamme „angeboten". Er meldete sich deshalb auf freundschaftlich-nachbarschaftlichen Rat hin mit immerhin schon 41 Jahren sofort freiwillig zum Militär, vor allem rechtzeitig. Ich habe bis heute meine Schuldgefühle nicht ganz überwinden können, weil ich letztlich den Anlass dafür gegeben hatte.

Mein Vater wurde beim Militär als Kraftfahrer ausgebildet, dann kam er nach Frankreich. Deshalb konnte er Weihnachten 1943 und im März 1944 noch kurze Urlaube mit seiner Familie in Minden bei seinem Schwiegervater Carl Strathmann verbringen. Aus dieser Zeit stammt das nächste Bild, das in ganzer Breite gezeigt wird, weil in ihm hinter dem Lattenzaun, der den Garten vom Hühnerhof abtrennte, der „Schwarze Schuppen" der Fabrik zu sehen ist; er wird nach sechs Monaten nicht mehr existieren. – Danach wurde mein Vater nach Jugoslawien in ein Bewährungsbataillon[30] abkommandiert. Dort wurde er zur Bekämpfung von Partisanen und bei Nachschubtransporten auf dem Balkan als Kraftfahrer eingesetzt.

Ab September 1943 war ich also BOS-Schüler, durfte, wegen der Schulweglänge von mehr als vier Kilometern für die Strecke über die Bunte Brücke und Weserbrücke, mit dem Fahrrad zur Schule fahren und verhielt mich möglichst unauffällig.

Familie Flessner im Garten des Strathmannschen Hauses im März 1944, aufgenommen mit meiner Rollfilm-Balda-Box von Tante Elfriede Strathmann

Es begannen 1944 die Sommerferien der Schulen. Meine Mutter war mit meiner Schwester wieder nach Minden gekommen. Sie hatte die Nachricht erhalten, dass mein Vater auf dem Balkan vermisst sei. Wie man sich denken kann, war unsere Stimmung auf dem Tiefpunkt. Es gab keine Fröhlichkeit mehr. Man lebte friedlich, aber in sehr bedrückter Stimmung nebeneinander her. —

Wir hatten einen sehr schönen Sommer, wenige Wolken, kaum Regen. Oft lag ich allein oder mit Freunden in unserem Garten des Hauses 117 auf dem Rasen, versteckt unter Obstbäumen und hatte einen dramatischen, ja beängstigenden Anblick: riesige Pulks amerikanischer Bomber, die in großer Höhe mittags unbehelligt nach Osten flogen, Kondensstreifen hinter sich herziehend, mit dem Ziel Hannover, Misburg, Braunschweig, Magdeburg oder Berlin. – Von einem Freund und langjährigen Kollegen, der selbst deutscher Bomberflieger in einer Heinkel He 111 war, habe ich Jahre danach gelernt, dass der Mittellandkanal bei wolkenlosem Himmel die beste Navigationshilfe für Flieger war, bei Mondschein auch nachts. Der Kanal war ein selbst aus großer Höhe noch gut sichtbares silbernes Band, dem man nur zu folgen brauchte. Von diesem

Freund erfuhr ich, auch erst vor wenigen Jahren, dass Piloten bei bestimmten Wetterlagen Fesselballons mehr fürchteten als Flakfeuer.

Der von uns erwartete Angriff auf das Mindener Wasserstraßenkreuz war eigentlich längst überfällig. Doch die Fesselballons taten offensichtlich ihre Wirkung. Es gab im Umkreis der Mittellandkanalbrücke nach meiner Erinnerung ca. 16 bis 20 Stück.

Wieder an einem schönen Tag zu Beginn der Sommerferien, also Anfang Juli 1944, standen die Ballons hoch am Himmel. Plötzlich zog sehr schnell ein Gewitter auf. Schon vor dem Regen blitzte und donnerte es gewaltig und ich selbst sah zufällig etwa vier oder fünf Ballons fast gleichzeitig brennend herunterfallen. Sie waren offensichtlich von Blitzen getroffen – bessere Erdleiter kann man sich auch kaum vorstellen. Die Zweitakt-Sachs-Motoren der Winden arbeiteten laut hörbar, die meisten Ballons konnten wohl auch eingezogen werden. Nach einer Stunde war der Gewitterzauber aber vorbei. Bald danach waren Ersatzballons mit Gas gefüllt und standen wieder am Himmel. Der jetzt erwartete Bombenangriff blieb allerdings aus. Die Sache verlief offensichtlich unerwartet und zu schnell: Die Gegner waren wahrscheinlich nicht vorbereitet und nutzten die Chance nicht.[31]

Meine Mutter mit uns Kindern auf dem Platz vor dem Kaiser-Wilhelm-Denkmal auf dem Portaberg im Juli 1944

Wenige Tage später traute ich meinen Augen nicht. Zwischen der Kanalbrücke und dem Gasthof Schröder (dort wo die Flußstraße in Leteln auf das rechte Weserufer trifft) schwebte gewissermaßen eine Elfe auf dem Wasser. Das musste ich genauer sehen, also nix wie hin. Lilo Schröder, die Tochter einer Mitschülerin meiner Mutter und ein paar Jahre älter als ich, balancierte im Badeanzug mitten auf der Weser auf einer alten Tür und hielt sich an einem Zügel fest, der vorn an besagter Tür befestigt war. An der Unterseite war die Tür mit einem Drahtseil eines der verbrannten Ballons verbunden. Das Drahtseil war ca. 150 m lang und an seinem anderen Ende am Ufer festgemacht. Das ganze arbeitete in der Weserströmung nach dem Prinzip einer Seilfähre. Für mich war das die Geburtsstunde des Wellenreitens, heute nennt man das bekanntlich Surfen.

Meine Letelner Freunde und ich mussten so etwas natürlich auch haben. Wir hatten, wie Lilo Schröder, schon lange gute Beziehungen zu einigen der Ballonmannschaften und erhielten ebenfalls ein langes Ende von einem völlig verknäulten Seil eines vom

Blitz verbrannten Ballons, das wir uns in stundenlanger Arbeit erst mühsam entwirren mussten. Das passende Surfbrett hatte ich schnell aus einigen Brettern zusammengenagelt, in der Kistenfabrik hatte ich ja alles gewissermaßen frei Haus. Unser Wellenreiten auf der Weser war natürlich eine Attraktion am Kohlenufer. Mein Strathmannscher Cousin (s. Seite 71, oben rechtes Bild) hatte nach einer schweren Verwundung an der Ostfront Heimaturlaub und besuchte uns mit seiner jungen Frau und ihrem Baby für eine Woche zur Zeit des 20. Juli 1944 in der immer noch sommerlichen Idylle. Das Attentat auf Hitler und die Wellenreiterei standen gleichzeitig im Mittelpunkt unseres täglichen Geschehens. Ich erwähne diese Episode, weil sie einen guten Zeitbezug für das beschriebene Gewitter mit den Ballonabstürzen gibt.

Nach den Sommerferien 1944 ging es wieder in die Schule. Sie war leer geworden, denn die älteren Schüler waren inzwischen Flakhelfer oder im Rüstungseinsatz, in dem übrigens auch viele gleichaltrige Schülerinnen arbeiteten, z.B. bei Böhme, Drabert, Melitta und Peschke. Drei meiner älteren Mitschüler aus der BOS traf ich später im Berufsleben wieder.

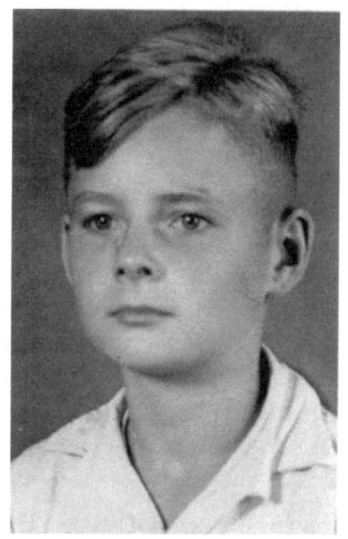

Hermann Flessner im August 1944

Zwei hatten vor mir in Hannover Bauingenieurwesen studiert, Harald Jurkscheit und Georg Retzko. Jurkscheit, in späteren Jahren mein Kollege, war 1944 in Minden Flakhelfer und erzählte mir, dass die beiden Geschütze auf den südlichen Pfeilern der Mittellandkanalbrücke russische Beutegeschütze gewesen seien, wohl solche wie das, welches von Nordsiek in [1] auf Seite 63 gezeigt ist. Das eine Geschütz wäre am 26. Okt. 1944 nicht einsatzfähig und deshalb nicht besetzt gewesen, dort hat es also keine Verluste gegeben. An dem anderen gehörte er selbst zur Bedienungsmannschaft, Verluste oder auch nur Verwundungen habe es an demselben aber auch nicht gegeben.

Im Sommer 1944 war Retzko ebenfalls Flakhelfer und lag in Leteln auf dem Gelände in der Nähe der alten Windmühle an der Aminghauser Straße in Stellung. Mir erzählte er 1957 in Hannover, dass sie am 24. Okt. '44, als am Mittag mehrere Fesselballons von alliierten Jagdbombern abgeschossen worden seien, mit ihrer Flak eigentlich gar nichts hätten ausrichten können. Es herrschte zu der Zeit eine geschlossene, niedrige Wolkendecke, absolut kein Gewitterwetter. Die Fesselballons wären, zumindest einige, zu weit hochgefahren gewesen und hätten nicht, von oben unsichtbar, *in* den Wolken geschwebt, sondern *über* der geschlossenen Wolkendecke.[32] Die Jagdbomber konnten sie unter sich sehen und gefahrlos wie reife Früchte „einsammeln", und die Gelegenheit nahmen sie dann auch wahr. – Hier hatte wohl mindestens einer in der deutschen Flugabwehr grandiose Fehler gemacht.

Meine Mutter Erika (die jüngste Tochter von Carl Strathmann) lebte übrigens 1943 bis Ende 1944 mit meiner Schwester allein in unserer Wohnung in Hamburg-Bergedorf, mein Vater war, wie schon erwähnt, inzwischen Soldat auf dem Balkan. Mutter und Schwester hatten die schweren Bombenangriffe auf Hamburg im Juli 1943 miterlebt, wenn auch aus relativ sicherer Entfernung. In unsere dortige Wohnung mussten danach zwei ausgebombte Familien aufgenommen werden.

Im Sommer 1944 besuchte meine Mutter mit meiner Schwester ihr Elternhaus und mich in Minden und veranlasste sofort, dass wir bei Fliegeralarm nicht mehr wie bisher in die Luftschutzkeller der Fabrik gingen, sondern nur noch in den kleinen Keller unseres Hauses Nr. 117. Die Erzählungen der Ausgebombten in unserer Bergedorfer Wohnung hatten sie stark beeindruckt, von in Panik totgetrampelten Frauen und Kindern war die Rede gewesen. Davor hatten meine Mutter und dann auch wir Angst bekommen. Wenn wir bei Fliegeralarm in den Keller unter dem Hauptgebäude der Kistenfabrik gingen, dann geschah das in der Anfangszeit des Krieges fast nur nachts. Wir vermuteten immer, dass das Wasserstraßenkreuz und das Hafen- und Bahngelände wichtige Kriegsziele seien – wie schon oben erwähnt. Da Minden bis zum Oktober 1944 aber nur relativ selten angegriffen worden war, machte sich auch bei uns eine gewisse Sorglosigkeit breit – ich berichtete oben von meinen Sommertagen auf dem Rasen unter den Obstbäumen und den Beobachtungen der Bomberpulks.

Der Schwarze Schuppen neben dem Haus Nr. 117, der hier mehrfach erwähnt ist (siehe auch den Plan auf Seite 51), bildete mit seiner südlichen Rückseite die Grenze unseres Grundstücks. An dieser Grenze standen auf unserem Grundstück nebeneinander ein nicht mehr genutzter Brunnen, ein altes Backhaus, Hühnerställe für die Sommerzeit und eine unbenutzte Überdachung mit einem Tisch und Stühlen, unter der mein Großvater früher Bienenkörbe aufgestellt hatte. In dieses sog. Bienenhaus schleppte meine Mutter alles, was aus Glas, Porzellan oder Ton war und in unserem häuslichen Keller mit Eingemachtem jeglicher Art oder als Leergut aufbewahrt wurde. Uns sollten im Falle einer nahen Bombendetonation nicht auch noch Scherben um die Ohren fliegen und verletzen.

In der Kistenfabrik Busch waren schon immer auch Frauen beschäftigt. Zur Kriegszeit waren viele der Männer Soldat und deshalb bestand ungefähr die Hälfe der Beschäftigten aus Frauen. Die Schutzräume waren getrennt für Männer und Frauen eingerichtet. Das hatte meine Mutter ihrem Vater nahegelegt, weil es zumindest in Hamburg in öffentlichen Schutzräumen vorgekommen war, dass Männer die Frauen in Paniksituationen rücksichtslos beiseite gedrängt hatten (siehe oben).

Der oberste, wenn auch in seinem Wesen gemäßigte Nazi in der Kistenfabrik war übrigens der Prokurist Karl Röbke. Er war sehr nett, besonders zu uns Kindern. Aber er achtete streng darauf, dass zu den Kriegsgefangenen, die in der Fabrik arbeiteten und die nördlich des Kanals auf dem Gelände der Gaststätte Richter untergebracht waren, Distanz gewahrt wurde. Auch Großvater Strathmann musste aufpassen; weil er sich um die hungernden russischen Gefangenen besonders kümmerte, speziell um einen ca. 18 Jahre jungen Russen namens Pjotr. Mein Großvater konnte das kaschieren, weil er ganz gut Russisch sprach (die Deutschen verstanden nicht, was er den Russen sagte); er hatte es gelernt während seiner drei Jahre in Russland als fremdgeschriebener Zimmergeselle (worüber auf den Seiten 18 und 26 ausführlich berichtet wurde).

In einer Holz verarbeitenden Fabrik ist es üblich, dass man auch die Späne, die Baumrinden und sonstige Holzabfälle sinnvoll verwendet, nicht nur zum Heizen. Viele der Maschinen in der Kistenfabrik Busch hatten zwar schon Elektromotoren, die noch zahlreichen älteren wurden aber weiterhin über Riemen-Transmissionen angetrieben. Dafür gab es eine Dampfmaschine, die vorwiegend mit Sägespänen beheizt wurde, die dazu extra in Metallhülsen gestopft und dann wie Briketts in die Feuerbuchse des Kessels geschoben wurden. Hierfür holte man auch zusätzlich Späne von anderen Sägereien. Dazu ging es mit von den Pferden Hektor und Liese gezogenen Rollwagen z.B. nach Cammer zum Sägewerk Prange. Ich durfte mit dem Kutscher und Kranführer Opa Isermann mitfahren und die Pferde zügeln. Wenn Opa Strathmann nicht in der Nähe war, nahm Karl Voß mich auch mit auf den großen Laufkran (genannt Flieger), mit dem die Baumstämme auf den Lagerplatz verbracht wurden. Oder der Tischler Kleinsorge zeigte mir, wie ich die Handsäge führen musste, damit sie nicht klemmt. Herr Kleinsorge konnte auch ein Huhn schlachten, was keiner in unserer Familie übers Herz brachte, auch nicht Opa Strathmann, der eigentlich alles konnte – allerdings nicht Radfahren.

Als ich mit meinen Eltern in Hamburg wohnte, kam ich fast jedes Jahr in den Sommerferien zu meiner Tante und meinem Großvater nach Minden, und natürlich auch in die Fabrik. Dann gab es jedes Mal am Anfang ein großes Begrüßungshallo. Ich machte meine Runde in der Fabrik, begrüßte alle alten Freunde, durfte auch hier und da mit anfassen, musste dabei aber achtgeben, dass Opa Strathmann das nicht sah. Er hatte Sorge, mir könnte etwas passieren. Die Sorge war aus meiner heutigen Sicht auch nicht unbegründet. Ein besonderes Ereignis war die in den Sommerferien einmalige, großväterliche Führung durch die Fabrik. Dazu wurde ich nämlich vorher extra gebadet, und Tante Elfriede sorgte für saubere Klamotten von oben bis unten, denn auch die beiden Nolls (Friedrich und Robert jun.) wurden besucht. Opa Isermann sagte dann schon mal ganz trocken: „Ich kenn' Dich ja gar nicht wieder!" Opa Strathmann dann: „Tja, er ist ja auch gewachsen!" – Er hätte auch sagen können „gewaschen". Ich habe nie herausbekommen, ob mein Großvater wirklich so naiv war oder nur so tat. Das hat „Fritze" (was nur Tante Elfriede sagte) Noll und seinen Sohn Robert auch amüsiert. Sie wussten natürlich, dass ich auf dem Fabrikhof herumstromerte, oft im Pferdestall war und von Herrn Voß auch schon mal mit auf den „Flieger" genommen wurde.

Auch im Hause 117 wurde eigentlich nur mit wunderbar trockenem, sauberem und gut riechendem Abfallholz geheizt und gekocht.[33] Das wurde in Wochenabständen mit einem Karren ins Haus gerollt und nach Größe in verschiedene Kisten geschüttet oder in Verschlägen gestapelt. Als die russischen Kriegsgefangenen in die Fabrik gekommen waren, veranlasste Großvater Strathmann, dass dieses mit kleineren Karren, dafür aber häufiger gemacht wurde. Der Reihe nach abwechselnd kam dann in unregelmäßigen Abständen immer ein Russe mit dem Karren auf unseren Hühnerhof, lud das

Brennholz aus und bekam seinen Topf Suppe mit Fleisch von Tante Elfriede im oben beschriebenen Bienenhaus serviert, das nur hoch oben vom Führerhaus des Laufkrans, dem „Flieger", eingesehen werden konnte – dort ging Herr Röbke natürlich nie hin.

An einem Nachmittag gab es Ärger. Ich hatte meine Hosentaschen und mein offenes Hemd mit reifen Pflaumen vollgestopft und ging damit in den großen Raum zu den Maschinen, wo die Baumstamm-Abschnitte zur Herstellung von Furnieren geschält wurden. Den Maschinenmeister kannte ich natürlich gut und er mochte mich wohl ganz gerne. Schon früher hatte er mir gezeigt, wo ich die Pflaumen zwischen Brettern für die Russen verstecken konnte (das ist die Dramatik, die ich auf Seite 48 oben angedeutet hatte). Als ich die Pflaumen in Hemd und Hose ausgeleert hatte, stand Röbke plötzlich hinter mir. Er ermahnte mich freundlich aber sehr bestimmt, das nicht wieder zu tun. Einer der Arbeiter hatte den Maschinenmeister bei Röbke angezeigt. Das war im August 1944, zwei Monate vor den bewussten Bombenangriffen. Mein Großvater erfuhr das und kochte. Dem Maschinenmeister passierte natürlich nichts – gegen den Teilhaber der Fabrik, der mein Großvater war, konnte und wollte Röbke wohl auch nichts unternehmen, in der „Hackordnung" stand er unter ihm.[34] Aber der denunzierende Arbeiter passte nicht in das „Klima" der Fabrik; er war für meinen Großvater nicht mehr zu gebrauchen und wurde eine Woche später Soldat. Das hat den bewussten Arbeiter wohl vor dem Bombentod in der Fabrik bewahrt und ihm das Leben gerettet – wenn er nicht gefallen ist, was ich aber nicht weiß.

Soweit autobiografisch.

Bombenangriffe auf die Fabrik Ende 1944

Der Zweite Weltkrieg bescherte der Fa. Gebr. Busch von Anbeginn erhebliche, geschäftliche Veränderungen. Insgesamt arbeiteten in der Firma um 1939 noch etwa 240 Leute. Die Männer waren überwiegend Fachkräfte, während die Frauen als Hilfskräfte eingesetzt waren. Da Furniere für Sperrholz an holzverarbeitende kriegswichtige Betriebe geliefert wurden, z.B. für Spindschränke der Wehrmacht und für die in Minden ansässige Möbel- und Flugzeugindustrie, war auch Fa. Busch ein sog. „Kriegswichtiger Betrieb" geworden und nur noch nebenher mit Zigarrenkisten beschäftigt. Die Inhaber und Geschäftsführer solcher Firmen wurden automatisch „Wehrwirtschaftsführer", ob sie wollten oder nicht. Das hatte zur Folge, dass sie selbst und ihre erfahrenen und unersetzlichen Mitarbeiter wegen ihrer kriegswichtigen Aufgaben als u.k. (unabkömmlich) erklärt und nicht Soldaten wurden. Ein großer Teil der Arbeiter und Angestellten, besonders der jüngeren, war aber trotzdem sehr bald eingezogen. Die Gesamtzahl der bei Busch fest beschäftigten Mitarbeiter reduzierte sich deshalb ab 1940 auf ungefähr 150 Leute, halb Männer, halb Frauen. Es kamen Fremdarbeiter und Kriegsgefangene hinzu. Bis zur Mitte des Jahres 1944 war die Belegschaft sogar auf etwa 120 Mitarbeiter geschrumpft.

Jedem Betroffenen war bewusst, dass die exponierte Lage der Fabrik, in direkter Nachbarschaft zu wichtigen Produktionsstätten und Verkehrsanlagen und besonders dem Mindener Wasserstraßenkreuz, zu einem wichtigen Ziel für feindliche Bombenagriffe geworden war. Trotzdem waren Minden und die nähere Umgebung zunächst eine Gegend „kriegerischer Ruhe", von einzelnen kleineren Angriffen auf Stadt und Nachbarschaft und von Bomben-Notabwürfen nach Flakbeschuss einmal abgesehen.

Jürgen Noll – der Sohn von Robert Noll jun., dem Fabrikanten und letzten Inhaber der nach dem Kriege unter dem Firmennamen **Furnierwerke Gebrüder Busch** teilweise wieder aufgebauten Fabrik – beschreibt den ersten und zweiten großen Bombenangriff kurz und treffend folgendermaßen:

„Am 26. Oktober 1944, ca. 14 Uhr, hatten alliierte Bomberverbände die Mittellandkanalbrücke zum Ziel, getroffen wurde die Kanalbrücke nicht![35] Sieben zwanzig Zentnerbomben trafen die Fa. Gebrüder Busch. Unterhalb des damaligen Bekleber-Gebäudes befand sich der Luftschutzkeller für die Männer. Dieses Gebäude erhielt mehrere Volltreffer, deshalb waren die Männer sofort tot. Die Frauen waren in einem nebenstehenden Gebäude, das auch stark beschädigt war. Auch hier gab es einige Tote. Des Weiteren fielen Bomben auf die Glashütte Wittekind, einige Bomben drifteten bis Leteln, auch hier etliche Tote. Schwerer wiegend war die Bombe, die hinter der Eisengießerei Heldt & Seeger den Kanaldamm traf, so dass das Kanalwasser ausströmen konnte und dort ankernde Schiffe mit sich riss. Insgesamt sieben überwiegend holländische Schiffe wurden auf die damaligen Äcker geschwemmt. Das auslaufende Wasser suchte den kürzesten Weg über die Friedrich-Wilhelm-Straße sowohl durch die Unterführung Richtung

Leteln als auch über das Gelände der Fa. Gebrüder Busch in die Weser und unterspülte dadurch noch intakte Gebäude und Gebäudeteile, die dann zusammenbrachen und in den Fluten in die Weser rutschten. Auch bei der Hanfspinnerei! Bedrohlich wurde die Lage im Luftschutzkeller der überlebenden Frauen.

Zu Beginn des Krieges waren die Luftschutzkeller abgenommen und inspiziert worden. Alle Beteiligten waren der Ansicht, dass bei einem Bombenangriff auf die Kanalbrücke die Sperrtore in Hahlen und Berenbusch geschlossen werden und damit die Gefährdung begrenzt sei!

Kriegsbedingt waren in vielen Bereichen und Betrieben die Stellen unterbesetzt. Ferner waren im Oktober 1944 viele ältere Beschäftigte zum Volkssturm eingezogen. Als dann die Meldung nach Hahlen und Berenbusch gelangte, die Tore zu schließen, war es schon zu spät! Der Sog des auslaufenden Wassers war so stark geworden, dass an beiden Stellen die Sperrtore aus der Verankerung gerissen wären. – Die nächsten Sperrtore waren in Osnabrück und Hannover.

Nun war höchste Eile geboten, und die in Minden stationierten Pioniere waren beauftragt, die Rettung der eingeschlossenen Frauen zu ermöglichen. Tatsächlich konnten wohl Frauen gerettet werden, die meisten hatten mit ihrer abgelegten Kleidung versucht, Ritzen und Spalten vor dem eindringenden Wasser abzudichten. Die Mehrheit der Frauen ertrank aber, darunter polnische Zwangsarbeiterinnen. Besonders tragisch war, dass der Kutscher Isermann gleich nach dem Ertönen der Sirenen aus dem Pferdestall in den Keller gerannt war und dort durch die erste Bombe sofort getötet wurde – wäre er doch im Pferdestall geblieben, dann hätte er den Angriff überlebt.

Durch Kurzschluss entzündeten sich die Zigarrenkistenbrettchen in den Trockenkanälen im zweiten Stock des 1911 errichteten Gebäudes; der folgende Brand zerstörte es, die Flammen waren weithin sichtbar. Am Kanal stand ein riesiger Holzschuppen mit fertig gepressten Zigarrenkistenbrettern, die durch das von unten kommende Wasser unbrauchbar wurden. Viele Akten im Bürogebäude waren durchnässt.

Ein älterer Mitarbeiter namens Bödecker war nicht in den Luftschutzkeller gegangen und überlebte die beiden Angriffswellen wunderbarerweise unbeschadet draußen am Spänebunker. Obwohl er oft ermahnt worden war, mied er bei Alarm den Luftschutzkeller. Seine Erlebnisse im 1. Weltkrieg an der Westfront hatten ihm gezeigt, wie gefährlich die trügerische Sicherheit in den Schützengräben und Unterständen war. Außerdem war er schwerhörig, fast taub aus dem 1. Weltkrieg zurückgekehrt.

Am 6. November 1944 war wieder ein Angriff auf Minden und Umgebung. Auch bei diesem Luftangriff gab es im Mindener Raum weitere Todesopfer. In der Fa. Gebrüder Busch wurde der Maschinenraum getroffen, dabei wurden beide Dampfzylinder und Kolben der Maschine mit dem Gestänge zum Antrieb des Schwungrades für die Transmission zerstört.

Es folgt nun, wieder in autobiografischer Darstellung des Autors, seine Zeit in Minden kurz vor und während der Bombenangriffe im Oktober und November 1944, die er hautnah miterlebt hatte:

Ich war am Dienstag, dem 24. Okt.'44, wie immer morgens mit dem Fahrrad auf meinem Schulweg, der Friedrich-Wilhelm-Straße, der Hafenstraße, dann über die Bunte Brücke, Weserbrücke und den Marienwall (heute Grimpenwall), in die BOS gefahren. So um 10 Uhr gab es Voralarm, wir wurden sofort nach Hause geschickt. Ich fuhr mit Letelner Mitschülern auf dem eben beschriebenen Wege mit dem Fahrrad zurück. Als wir auf der Friedrich-Wilhelm-Straße die Einmündung der Karlstraße und damit die Glasfabrik Wittekind (Gerresheimer Glashüttenwerke AG) erreicht hatten, gab es Hauptalarm. Die Sirenen hatten noch nicht ausgeheult, als heftiges Motorengeräusch dröhnte und Maschinengewehrfeuer einsetzte. Ich befand mich in dem Augenblick etwas nördlicher von der Stelle, an der die Alte Aminghauser Straße in die Friedrich-Wilhelm-Straße einmündete. Hier musste ich in den heute nicht mehr existenten Weg links einbiegen, auf dem man in Richtung weserabwärts auf den dort nicht mehr existierenden Alten Postweg, oder auch Letelner Kirchweg, nach Leteln gelangte.

Als ich in rasender Fahrt mit dem Rad an dieser Stelle angelangt war, konnte ich frei über die Weser blicken und sah kurz nacheinander zwei Fesselballons brennend herunterfallen, auf die Wiesen zwischen Weser und Hauptpumpwerk – die Flugzeugmotoren dröhnten und die Bordkanonen der Jagdbomber ballerten immer noch. Ich wagte nicht, sofort nach rechts auf den von oben frei einsehbaren Letelner Kirchweg parallel der Weser einzubiegen, sondern sprang vom Rad und suchte neben der links am Wegesrand verlaufenden Grenzmauer der Glashütte auf dem Bauch liegend Deckung. Einige Sekunden später hörte der Spuk abrupt auf, ich blieb aber noch eine Weile liegen. Als es ruhig blieb, sprang ich auf mein Rad und fuhr die letzten 100 Meter bis zum Haus meiner Großeltern Friedrich-Wilhelm-Str. 117. Es gab danach erstaunlich schnell über die Sirenen Entwarnung, mein Rad hatte ich durch die Pforte soeben in unseren Garten geschoben. Wie viele Ballons gerade abgeschossen waren, weiß ich nicht. In Nordsieks Buch [1] steht auf Seite 135: 13 abgeschossene Ballons. Nach meiner Erinnerung habe ich selbst es nur bei zweien gesehen.

Meiner Familie und mir war gleich nach diesem Jagdbomberangriff klar, jetzt ist Schluss mit der Idylle am Kohlenufer. Wir erwarteten einen weiteren Angriff noch am 24. Oktober. Die Schwächung des Ballonschutzes wird sich der Gegner doch nicht entgehen lassen? Zu unserer Überraschung kam aber kein Angriff. Ich weiß übrigens gar nichts mehr über die deutsche Flak-Aktivität an dem Tage. Möglicherweise waren die Geschütze auf der Mittellandkanalbrücke wie so oft gar nicht besetzt gewesen.

Am nächsten Tage, dem 25. Okt.'44, war eigentlich wieder alles wie früher. Ich fuhr wie üblich zur Schule, es gab keinen Alarm. Ich glaube, nicht einmal Voralarm. Ich fuhr in gewohnter Weise auch wieder nach Hause. Das Warten auf Alarm war umsonst, es kam keiner. Allerdings war uns bewusst, nach dem nächsten Alarm wird es keine ruhige Minute geben, also sofort in die Schutzräume, nicht wie früher in den Garten.

Der Donnerstag, 26. Okt. '44, war wieder ein Tag mit wolkenverhangenem Himmel, wie die vorherigen Tage auch, vielleicht noch ein wenig trüber. Ich fuhr wie üblich mit dem Rad zur Schule, alles verlief wie sonst, sechs Stunden Unterricht. Auf dem Nachhauseweg fuhren meine Letelner Mitschüler Jörn Drake, Karl-Friedrich Schildmeyer und ich wohl sehr gemütlich, denn wir waren erst ca. 10 Minuten vor zwei Uhr an der Karlstraße. Dort kam gleich Vollalarm, eigentlich hatten wir so etwas auch erwartet. Wir fuhren jetzt, jeder so schnell er konnte, zu seinem Zuhause.

Als ich vielleicht hundert Meter vor dem Haus 117 war, hörte ich anschwellenden Motorenlärm, der ungewöhnlich rasant lauter wurde, sehen konnte ich nichts; am Himmel war, wie schon gesagt, eine geschlossene Wolkendecke. Ich brachte mein Fahrrad so schnell ich konnte in den Geräteschuppen am Haus, da krachte es auch schon gewaltig und ich flog im Haus infolge des Luftdrucks der Länge nach hin. Dies muss die erste Bombe gewesen sein, die das Beklebegebäude der Kistenfabrik getroffen und die männlichen Fabrikangehörigen sofort getötet hatte. Ich stolperte geradezu die Treppe in unseren Keller hinunter, in dem sich mein Großvater, meine Tante und auch zwei Binnenschiffer schon versammelt hatten. Die Binnenschiffer hatten ihre beiden (übrigens leeren) Schleppkähne vormittags am Weserufer neben der Kistenfabrik unter dem Bockkran festgemacht. Als ich morgens zur Schule fuhr, waren sie nach meiner Erinnerung jedenfalls noch nicht da.

Wir waren nun also fünf Personen in unserem Keller. Ich hatte schon eine Armbanduhr und weiß noch, dass ich auf sie schaute und dass es ziemlich genau 14 Uhr war. Das nun einsetzende Inferno ist kaum zu beschreiben. Man hörte das Jaulen von Bomben, die dann etwas weiter weg mit lautem Krachen einschlugen. Viel lauter noch explodierten Bomben in unmittelbarer Nähe unseres Hauses, bei denen das vorherige Heulgeräusch wegen des direkten Anflugs nicht zu hören war. Sie brachten unser Haus regelrecht zum Schaukeln. Zwischendurch war immer wieder Flakfeuer vernehmbar, vor allem wohl von dem einen intakten Geschütz auf der Kanalbrücke. —

Als meine Mutter wenige Monate vorher unseren Keller als Schutzraum einrichtete, hatte sie vergessen, dass wir im Ernstfall auf irgendetwas sitzen müssen, auf Stühlen, Hockern oder wenigstens Kisten. Wir hatten in gewisser Sorglosigkeit danach auch nicht mehr daran gedacht, jedenfalls hockten oder knieten wir deshalb auf dem Betonboden. Als es nach ungefähr 10 Minuten unvermittelt still wurde, wagten wir unsere Köpfe zu heben und uns anzusehen, wir waren alle fünf unversehrt – keiner hatte auch nur einen Ton von sich gegeben, nur zu Beginn der Explosionen hatte mein Großvater gerufen, wir sollten den Mund offen lassen. Aber es war nun ein Zischen und Rauschen zu hören. War etwa die Hausgasversorgung undicht geworden, oder die Wasserleitung? Ich sprang nach Anweisung meiner Tante (Elfriede Strathmann) als Jüngster sofort die Kellertreppe hinauf und lief in die Küche. Alles war dort heil, wenn auch mit hellem Staub bedeckt, sogar das eine relativ große Küchenfenster war unbeschädigt; der Wasserhahn war dicht und es roch nicht nach Gas, Ich blickte hinaus auf die Weser, die Wiesen dahinter, die beiden Binnenschiffe am Ufer, den Bockkran, auf das Pumpwerk – alles offenbar unversehrt. Dann sah ich in Richtung Kanalbrücke und erkannte schnell, dass die Plattform auf dem einen der südlichen Brückenpfeiler beschädigt war, sie war geradezu abrasiert, wahrscheinlich hatte sie einen Treffer erhalten (wie schon früher beschrieben war diese Flak nicht einsatzbereit und deshalb zum Glück nicht bemannt).

Das Zischen und Rauschen konnte ich mir aber immer noch nicht erklären, es hatte inzwischen zugenommen. Ich rannte deshalb ziemlich kopflos durch alle übrigen Räume im Erdgeschoss, nichts war beschädigt, alles war nur sehr staubig, sicher von herunter gebröckeltem Deckenputz. Ich blickte kurz durch die Eingangstür nach Süden auf die Gebäude der Glashütte, aus der Richtung kam das Geräusch jedoch ebenfalls nicht, es war in der Richtung auf den ersten Blick auch nichts Ungewöhnliches zu sehen. Wieder lief ich in die Küche und sah aus dem Fenster. An der mit Mannschaft besetzten Flak sah ich jetzt wildes Treiben und hörte Kommandogebrüll, für mich sogar in der Küche über ca. dreihundert Meter Entfernung wahrnehmbar. Das Geschützrohr wurde ständig bewegt und augenscheinlich auf irgendein Ziel gerichtet, dann schoss die Flak wie wild und gleichzeitig hörte ich das Motorengeräusch der Flugzeuge wieder. – Heute nehme ich wohl zu recht an: nach einer Pause von einigen Minuten hatten die zweiten 10 Minuten des Angriffs eingesetzt.

Sofort rannte ich wieder in den Keller, wohl keinen Augenblick zu früh; denn unmittelbar, nachdem ich wieder auf den Knien neben meinem Großvater hockte, rumste es ohne Vorgeräusch gewaltig ganz in der Nähe, Trümmerbrocken prasselten hörbar herunter, Glas klirrte und ächzende Geräusche in unserem Hause wurden vernehmbar, auch die Scheiben unserer Kellerfenster waren nun kaputt. In dem Augenblick dachte ich, jetzt sei auch unser Haus durch eine Bombe getroffen, was aber nicht der Fall war. Wie wir später feststellten, hatten wir überhaupt keinen direkten Treffer abbekommen. Es war wohl die Bombe, die ungefähr 10 Meter südlich unseres Hauses in unseren Garten gefallen, dort explodiert war und einen ca. 5 m breiten Trichter geschaffen hatte – daher wohl die prasselnden Geräusche von herunterfallenden Erdbrocken. Es gab nun dauernd Explosionen, vermischt mit den Heulgeräuschen der Bomben, den Motorengeräuschen der Flugzeuge und dem Bellen der Flak; ich schätzte: ungefähr 5 bis 10 Minuten lang, bis ungefähr 14:30 Uhr. So hatte ich es mir danach in mein Notizbuch geschrieben, aus dem ich die ganze Begebenheit später meinen Eltern vorgelesen hatte, die ja nicht dabei waren.

Während des Getöses fiel auf uns andauernd Kalk- oder Zementstaub. Wieder redete oder schrie niemand, wir waren gewissermaßen in unser Schicksal ergeben. Nur einmal gab meine Tante einen Laut von sich. Später erzählte sie uns, sie habe sich die schmerzenden Ohren zugehalten und sich danach auf den Kartoffeln in einem großen Verschlag wiedergefunden. Sie könne sich aber nicht erinnern, wie sie da hinaufgeschwebt sei (Luftdruck?).

Es wurde wieder unvermittelt still, keine Explosionen, keine Motorengeräusche, kein Flakfeuer – nur ganz entfernt plötzlich Stimmen, war nun alles überstanden? Das unablässige Rauschen war inzwischen aber angeschwollen. Ich rannte wieder die Kellertreppe hinauf und wollte raus, bekam die Kellertür aber nicht auf (ich war derzeit ein Kerlchen von 13 Jahren). Die beiden Binnenschiffer versuchten es mit vereinten Kräften, sie schafften es ebenfalls nicht. Nun setzte bei uns leichte Panik ein. Großvater sagte, wir sollten die senkrechten Stützen der Kellerverschläge herausreißen und damit die Tür nach außen auframmen. Das war aber leichter gesagt als getan, denn die Tür ging in einer Richtung auf, in der für das Ausholen mit einem „Rammbock" kein Platz war. Da hörten wir plötzlich lauter werdende Stimmen durch die Kellerfenster, die ja keine Scheiben mehr hatten. Dann rief Großvater etwas, ich glaube es war russisch. Jedenfalls waren plötzlich wohl mehrere Männer im Haus, die sich sofort an der Kellertür zu schaffen machten und sie irgendwie mit Gewalt, jedoch schnell aufbrechen, wahrscheinlich auftreten konnten. Es war Pjotr mit zwei weiteren Russen. – Nach meiner später bestätigten Vermutung war infolge der Bombenexplosion vor dem Haus das Mauerwerk von oben bis unten gerissen. Die beiden Teile hatten sich danach wohl so gegeneinander verschoben, dass die Kellertür nicht mehr zu bewegen war, jedenfalls nicht ohne brachiale Gewalt. Wir konnten übrigens später mehrere Türen, auch die Hauseingangstür nicht mehr ganz öffnen oder schließen.

Durch diese Bresche des leergelaufenen Kanals sind die Kanalkähne nach rechts hinunter gerutscht.

Die ca. 16 russischen Kriegsgefangenen hatten, auf mehr oder weniger geheime Anweisungen meines Großvaters, mit Bohlen abgedeckte Unterstände bekommen, versteckt mitten im großen Lagerplatz der Baumstämme (unter dem Fliegerkran). Selbst ich, der ich auf dem Fabrikhof fast jedes Rattenloch kannte, wusste bis dahin nichts davon. Nur von Pjotr und den beiden anderen Russen weiß ich, dass sie den Angriff überlebt hatten. Sie standen nach einer der letzten Bombenexplosionen wohl plötzlich im Freien und hatten sich sehr bald an die Bergungsarbeiten gemacht. Und sie haben uns aus unserem Kellerloch geholt, eine auch heute noch für mich ergreifende Geschichte, fast ein Märchen.

Ich flitzte geradezu als erster aus unserem Keller, um den geheimnisvollen Geräuschen nachzuspüren. Das heißt, ich rannte durch die Hintertür unseres Hauses über den Hühnerhof um die westliche Giebelwand des Schwarzen Schuppens auf den lang gestreckten Fabrikhof, der sich von einem hölzernen Rolltor am Schlackenweg an der Weser (Letelner Kirchweg) bis zum Haupttor erstreckte und über den man zur Friedrich-Wilhelm-Straße und über das im Osten angrenzende freie Feld blicken konnte. Auf dem Hof sah ich mehrere Bombentrichter, und der Schwarze Schuppen hatte ebenfalls Bombentreffer abbekommen – man konnte durch die unverschalte Nordseite des Schuppens und das stark beschädigte Dach hindurchsehen.

Alles ging nun sehr schnell. Kaum war ich um die Ecke des Schuppens gerannt und hatte den Pferdestall erreicht, als ich das geradezu infernalisch grandiose Bild sah, wie ein Kanalkahn hinter der Eisengießerei „Held & Seeger" auf einem Wasserschwall die Kanalböschung auf das Vorland Richtung Alte Aminghauser Straße herunterrutschte. Das Rauschen des auslaufenden Kanalwassers war deutlich zu hören. Die zischenden Geräusche kamen aber aus den geborstenen Kesseln und aus den großen Betonwannen (Dämpfgruben), in denen die Baumstämme durch mit Gasfeuer in Kesseln erzeugtem Wasserdampf erhitzt wurden, zwecks Aufbereitung für das Schälen zu Furnieren. Alles war natürlich stark beschädigt, ringsum lag alles in Trümmern, den Wasserdampf konnte ich entweichen sehen und hören.

Ich geriet nun vollends in Panik, bekam den berühmten trockenen Gaumen (so etwas vergisst man sein Leben lang nicht), raste zurück in unser Haus und schrie: „Das Kanalwasser strömt aus und wird in unseren Keller laufen!" Mein Großvater war inzwischen mit den drei Russen noch trockenen Fußes in Richtung Luftschutzkeller der Fabrik geeilt, um zu retten, was noch zu retten war. Die beiden Binnenschiffer hatten bis dahin meiner Tante mit irgendwas und irgendwie geholfen. Auf meinen Panikschrei hin liefen sie aber schnell zu ihren Kähnen, warfen die Trossen los und ließen sich stromabwärts treiben. Dieses war, wie ich später sehen konnte, eine weise Handlung.

Meine Tante und ich waren nun allein. Fieberhaft holten wir unsere Koffer und Taschen mit Papieren, Kleidung und sonstigen Wertsachen, die wir in unserem Luftschutzkeller vor Bombenangriffen ja sichern wollten, wieder nach oben. Ich rief meiner Tante zu, vor der Tür auf heranströmendes Wasser aufzupassen, und schleppte weiterhin alles Mögliche eine Etage höher. Das ganze verlief ziemlich planlos, war letztendlich aber doch richtig. Dann rief meine Tante, das Wasser käme – wie das sein würde, davon hatte ich natürlich keine Ahnung. Jedenfalls kam sehr bald danach das Kanalwasser durch beide zerborstenen Kellerfenster fast gleichzeitig hereingeschossen. Im Nu stand ich bis zu den Knien im Wasser und beeilte mich die Treppe hoch. Vor der Haustür stand meine Tante natürlich auch schon im Wasser.

Zwischen der Friedrich-Wilhelm-Straße und unserem Haus Nr. 117 lag der mehrfach erwähnte große Lagerplatz der Kistenfabrik mit den Baumstämmen unter dem Laufkran, dem „Flieger". Die Stämme waren zu der Zeit ungefähr drei Meter hoch gestapelt und bildeten, wie sich bald erwies, eine wirksame Schutzbarriere gegen das in Richtung Weserufer ablaufende Wasser, jedenfalls für unser Haus. Trotz alledem war die Gewalt des anströmenden Wassers unvorstellbar, wir lernten sie aber schnell kennen. Vor unserem Haus stehend hatten meine Tante und ich den Blick auf die Laube mit den weißen Gartenmöbeln, wie auf Seite 78 gezeigt, und konnten sehen, wie das Wasser anfangs noch verhalten durch die Hohlräume zwischen den Stämmen strömte. Es dauerte aber nur wenige Augenblicke, bis die ersten Stämme aufschwammen, sich selbständig machten und über den ungefähr 1,50 Meter hohen Zaun hinweg auf uns zutrieben, so dass wir uns an die Hauswand drängen mussten, um nicht von ihnen umgestoßen zu werden.

Wahrscheinlich habe ich einen dieser Kähne gesehen, als er mit dem Kanalwasser über das Land rutschte.
Das kleine Mädchen ist Ilse-Brigitte Noll, Tochter von Robert Noll jun.
Das Foto wurde erst im Spätsommer 1945 gemacht

Die Gartenmöbel waren auch schon aufgeschwommen und bewegten sich an uns vorbei. Wir standen bald beide bis zum Bauch im Wasser und wateten in ihm vorsichtig zur Pforte zum Schlackenweg an der Weser. Diese Pforte bestand aus Latten, zwischen denen das Wasser schon hindurchlief, und war nur ungefähr einen Meter hoch. Sie war nach innen zu öffnen, also gegen die Strömung. Das schafften wir aber nicht mehr, also mussten wir über sie hinwegklettern. Für mich war das zwar kein Problem, aber meiner Tante, inzwischen 52 Jahre alt, musste ich mit aller Kraft helfen.

Als wir das geschafft hatten, standen wir immer noch bis zum Bauch im Wasser, die Strömung wurde stärker und das Wasser stieg noch. Meine Tante wollte nicht so recht ihr Haus im Stich lassen; auch wussten wir nicht, was aus ihrem Vater bzw. meinem Großvater geworden war. Kurz und gut, ich musste sie mit sanfter, aber bestimmter Gewalt Richtung Glashütte zerren, was mir gerade noch rechtzeitig gelang. Kaum standen wir auf dem Schlackenweg neben der Begrenzungsmauer zur Glashütte im Trockenen, als die 2,50 *m* hohe Weißdornhecke, welche die Gartenseite unseres Grundstücks zur Weser hin begrenzte, auf ganzer Länge über den Schlackenweg geschoben wurde, das Weserufer hinunterrutschte und mit dem Kanalwasser in der Weser davonströmte; einige Obstbäume schwammen gleich hinterher. Wären wir nicht schnell genug gelaufen, dann wären wir sicherlich auch in der Weser gelandet; man betrachte hierzu das Foto auf Seite 113.

*Blick von der Friedrich-Wilhelm-Straße
über das überschwemmte Vorland des Kanals.
Zwei Kähne sind in der Bresche steckengeblieben*

Die ganze vorbeschriebene Aktion nach dem Ende des Bombardements dauerte vielleicht 10 bis 15 Minuten, es war inzwischen wohl 14:45 Uhr. Wir konnten nun auf dem trocken gebliebenen Boden den Weg zur Friedrich-Wilhelm-Straße hochgehen und wurden von SHD-Leuten (Sicherheits- und Hilfsdienst) in Empfang genommen, die von meinem Großvater schon geschickt worden waren. Von ihnen erfuhren wir auch, dass er sich um die Rettung der im „Frauenkeller", so nenne ich ihn aus früher schon beschriebenen Gründen, verschütteten Frauen bemühte. Wie aber bekannt mit dem niederschmetternden Ergebnis, dass keine Hilfe mehr möglich war und sie alle ertranken, soweit sie nach der Bombardierung noch lebten und nicht mehr herauskommen konnten. Eine Arbeiterin, die mich kannte (ich sie aber nur vom Ansehen), beschrieb meiner Tante und mir die schreckliche Geschichte, dass sie Oma Isermann, Ehefrau von (Opa) Ferdinand Isermann, Kutscher und Kranführer, nicht mehr retten konnten, weil diese einen Träger quer über den Oberschenkeln liegen hatte, der nicht zu bewegen war und unter dem man sie auch nicht wegziehen konnte. Langsam sei das Wasser gestiegen, und die Helfer mussten zusehen, wie sie elendig ertrank – siehe auch den unteren Absatz auf Seite 121. Opa Isermann war, wie Jürgen Noll in seinem Bericht ab Seite 87 auch schon erwähnt hat, gleich zu Beginn im „Männerkeller" umgekommen. Man fand ihn erst Tage später bei den Bergungsarbeiten. —

Nur noch die unversehrt erscheinende Turmspitze (hinter dem Handwagen) steht auf den Trümmern des Bekleberhauses. – Rechts die Ruine des Gebäudes, unter dem die Frauen umgekommen sind

Wir sahen nun das ganze Ausmaß der Katastrophe. Die meisten Gebäude der Fabrik waren nur noch Trümmerhaufen. Eines der Hauptgebäude hatte auf der südöstlichen Ecke ein spitzes Turmdach, siehe die Bilder auf Seite 67 u. 68. Das Turmdach stand nun fast unbeschädigt, fast zu ebener Erde, auf den Trümmern – es gibt von dieser eindrucksvollen Szene im Kommunalarchiv Minden noch weitere Fotos; eins davon ist das auf der vorigen Seite. Und wir erfuhren, dass im „Männerkeller" wohl alle in der ersten Bombenexplosion sofort umgekommen waren. In der Ecke an der Einmündung des Schlackenweges in die Friedrich-Wilhelm-Straße stand das Haus Nr. 107 von Familie Röbke (Prokurist der Kistenfabrik Busch); es blieb unbeschädigt.

Hier der Blick auf die überflutete Friedrich-Wilhelm-Straße in Richtung Süden

Frau Röbke überlebte als eine der wenigen im Frauenkeller, während ihr Mann und ihre Tochter in einem der anderen Fabrikkeller umkamen. Das Haus 115 auf dem Fabrikgelände, in dem Familie Voß lebte, wurde durch einen Volltreffer zerstört. Wir sahen auch die zwischen Kanalböschung und Alter Aminghauser Straße auf dem Trockenen liegenden zwei oder drei Binnenschiffe. Heute wissen wir, es waren insgesamt sechs. – Friedrich und Robert Noll jun. verbrachten ihre Mittagspausen in der Regel in ihren Wohnungen außerhalb des Fabrikgeländes, sie hatten die Bombardierung also nicht auf dem Fabrikgelände erlebt. Robert Noll jun. hatte ich einige Tage später auf dem Fabrikgelände gesehen, als er wie wir alle mit Bergungsarbeiten beschäftigt war.

Auf dem Fabrikgelände standen an der Straßenseite zwei Wohnkaten, die es wohl schon Mitte des 19. Jahrhunderts vor der Gründung der Fabrik gab (siehe Abb. 1330 rechts unterhalb der Kanalbrücke auf S. 1255 der Quelle [3]). In ihnen wohnten die Familien Isermann, Sievers und zeitweise Familie Voß. Die Männer betreuten u. a. die Pferde der Fabrik. Sohn Horst Sievers war in meinem Alter. Während des Bombenangriffs am 26. Okt.'44 waren Frau Sievers und Frau Voß mit Tochter Brunhilde nicht in ihren Häusern, Herr Sievers auch nicht, er war inzwischen Soldat geworden. Die übrigen Bewohner dieser Häuser waren aber in den Kellern und sind umgekommen. Horst Sievers hatte am oberen Eingang zum Frauenkeller gestanden und wurde schwer verletzt. Ich habe ihn zwei oder drei Tage später im Krankenhaus besucht, wo er mit Schädelbruch und mehreren Knochenbrüchen lag. – Frau Sievers habe ich acht Jahre später im November 1952 zufällig in Barkhausen getroffen. Sie konnte mir erzählen, dass Horst letztendlich alles gut überstanden habe, wenn auch mit einem etwas verkürztem Bein.

Meine Tante und ich konnten zunächst nichts anderes tun als zu unseren in der Laxburg wohnenden Bekannten zu gehen. Das waren Frau Leunig und ihre beiden Töchter in der Bertastraße 3. Sie nahmen uns liebevoll und selbstlos auf. Wir hatten nichts als unsere bis zum Bauch durchnässten Kleidung und trockneten uns zunächst notdürftig. Dann machte ich mich erst einmal allein wieder auf den Weg zur Fabrik; das war wohl so zwischen 15:30 und 16:30 Uhr. Als ich vor unserem Haus ankam, hatte sich hier schon wieder eine Menge geändert. Das Kanalwasser floss zwar nicht mehr, stand aber noch in Mulden und Kratern sowie in der Kanalunterführung der Friedrich-Wilhelm-Straße. Ich suchte zunächst meinen Großvater. Keiner wusste wo er war, er sei weggegangen.

In dem bombardierten Gebiet war es jetzt sehr lebendig geworden. Es dämmerte inzwischen, und der SHD war mit vielen Leuten sehr aktiv. Ich ging zum Weserufer und dann Richtung Haus 117. Die Pflanzen und Bäume unseres Gartens waren vollständig weggespült. Es lagen noch einige Baumstämme vom Lagerplatz auf ihm herum, aber der Bombenkrater war als solcher nicht mehr zu erkennen, er war wasser- und schlammgefüllt. Durch wohl 20 Zentimeter hohen Schlamm watete ich auf unser Haus zu. Nun sah ich, dass es mitten durch, von oben bis unten, einen langen Riss hatte. Ich konnte in das Haus hineingehen und erkannte, dass vorher auch hier das Wasser hineingeflossen war. Nun gab es in der ganzen unteren Etage eine ca. 15 Zentimeter hohe Schlammschicht. – Das weiß ich auch heute noch genau, weil ein Koffer mit unserer alten Reiseschreibmaschine in einem Zimmer aufrecht neben einem Schreibsekretär stand und an beiden noch Jahre lang die Höhe des Wasserstandes oder besser, des Schlamms, zu erkennen und abzumessen war; der Schreibsekretär steht noch heute als Erbstück in unserer Wohnung in Hamburg.

Ich ging weiter durch die Räume und den Flur und kam zur Kellertreppe. Auch hier stand das Wasser bis zur Höhe des Wasserschlamms im angrenzenden Flur, auf der Oberfläche schwammen Äpfel. Wenn Pjotr mit seinen Kameraden oder sonst jemand uns nicht herausgeholt hätte, dann wären wir also zwar sehr nass geworden, aber nicht ertrunken; wir fünf Kellerinsassen hätten uns auf dem engen Absatz vor der verklemmten Kellertür längere Zeit aufhalten können.

Nun lief ich durch die Hintertür des Hauses in den Hausanbau mit Toilette und Waschküche und in den ebenfalls unterkellerten Geräteschuppen (in dem Keller lagerten eigentlich nur Kohlen für ganz besonders kalte Wintertage). Hier gab es eine neue

Überraschung, eine Außenwand war weggeschwemmt, und ich konnte aus dem sonst dunklen Keller ungehindert seitlich hinaussehen auf das, was vom Hühnerhof noch existierte, und auf den Bereich, in dem früher der große „Schwarze Schuppen" gestanden hatte. Diesen gab es nämlich nicht mehr. Das abfließende Kanalwasser war hauptsächlich über den schon erwähnten, lang gestreckten Fabrikhof in die Weser geströmt und hatte ihn mehrere Meter tief zu einem richtigen Flussbett ausgewaschen.

Der unterspülte Bockkran der Fabrik am Weserufer

Die Bombentrichter, die ich rund eine Stunde vorher dort noch gesehen hatte, waren deshalb auch nicht mehr da. Der Schwarze Schuppen, wohl 30 Meter breit und 60 Meter lang, war samt 4 Meter tief ausgemauerter Gründungswanne mit Inhalt (gelagertes Schnittholz) in die Weser geschoben worden. An seiner Stelle war jetzt das tiefe, inzwischen aber schon wieder trocken gelaufene breite Flussbett, siehe das Bild auf Seite 113. Der Hühnerstall, das Bienenhaus usw., alles war weg. Den Hühnerhof gab es nur noch zur Hälfte, die Hühner saßen auf den wenigen noch vorhandenen Obstbäumen. Der alte, aus Ziegelsteinen rund gemauerte Brunnen ragte wie ein Schornstein, unbeschädigt aus dem neuen Flussbett hervor. Mein Fahrrad, das ich ca. zwei Stunden vorher noch in den Schuppen an unserem Haus schieben konnte, stand an der Wand und ragte mit dem Hinterrad etwas in die freie Luft. Die abschließende Querwand des Schuppens war nämlich auch weggebrochen und mit dem Wasser weggeschwemmt.

Die Kanalbrücke war bekanntlich zwar beschädigt, aber im Prinzip noch funktionsfähig, wenn auch leer gelaufen. Die beiden Binnenschiffer (aus unserem Keller) hatten ihre Kähne unter der Brücke hindurch treiben lassen können und 300 Meter unterhalb am rechten Weserufer festgemacht. Dort, wo die Schiffer vorher ihre Kähne unter dem Bockkran vertäut hatten, war die Weser inzwischen durch Trümmer und ausgeschwemmtes Erdreich nur noch ungefähr halb so breit wie normal (Bild Seite 113), der Bockkran war auch unterspült, siehe voriges Bild.

Hier war rechts einmal der Schwarze Schuppen. Zu sehen sind nur noch Reste

Es war dunkler geworden und ich war etwas zur Besinnung gekommen. Meinen Großvater hatte ich aber immer noch nicht gefunden. Ich ging wieder zur Friedrich-Wilhelm-Straße, um nach ihm zu suchen und zu fragen. Zufällig kam Herr Hans Drake (damals Betriebsleiter der Leimfabrik Scheidemandel), der Vater meines Freundes Jörn, auf mich zu und rief: „Gott sei dank, dass Du lebst. Wo ist Tante Elfriede, wo ist Opa?" Ich weiß noch sehr genau, dass ich in dem Augenblick in seinen Armen zusammensackte, die Anspannung war vorerst gewichen und ich fing hemmungslos an zu schluchzen. Ich sagte schließlich: „Ich kann Opa nicht finden" und fragte ihn, wie es bei ihm ginge und wie es auf der anderen Kanalseite aussehe. Das wiederum konnte er mir nicht sagen, denn er war in der Stadt gewesen und noch nicht auf die nördliche Seite des Kanals gekommen.

Nun ergriff mich der ganze Jammer der Situation. Es war schon richtig dunkel, die Trümmer der Kistenfabrik fingen zu allem Überfluss an verschiedenen Stellen auch noch an zu brennen (wahrscheinlich hatte es Kurzschlüsse gegeben, s. Seite 88). Da kam meine Tante Elfriede mit, wie bei ihr üblich, sehr schnellen Schritten von der

Laxburg auf uns zu und ergriff in erstaunlich gefasster Weise die Initiative. Herrn Drake konnte Sie den Hinweis geben, dass die stählerne Fußgängerbrücke über den Kanal am Osthafen unbeschädigt sei, das hätte man ihr gerade gesagt. Mich schickte sie noch einmal in unser Haus, um mich nachsehen zu lassen, ob ihr Vater, mein Großvater, vielleicht in seinem Bett liegt. Ich stapfte durch den Schlamm sofort ins Haus und die Treppe hoch in die zweite Etage. Dort war noch alles überraschend ordentlich, wenn auch staubig, die Fensterscheiben zerbrochen. Ich ging in das Schlafzimmer, in dem normalerweise auch ich mit meinem Großvater schlief, und richtig, er lag in seinem Bett.

Ich rief dieses meiner Tante zu, sie kam sofort ebenfalls die Treppe herauf. Opa Strathmann wollte einfach nicht aufstehen, er habe nasse Füße und würde sich erkälten, außerdem müsse er weiterhin auf das Haus aufpassen und in der Nähe der Fabrik bleiben. Er nahm in diesem Augenblick die ganze Sachlage erstaunlich gelassen, geradezu stoisch hin, was mich natürlich sehr beeindruckte. Als ich dann verkündete, dass die Trümmer der Fabrik an einigen Stellen schon brannten und dass dieses sicher ein gutes Ziel bei vielleicht bald einsetzenden weiteren Luftangriffen sein würde, und als meine Tante dann energisch wurde und seine Sachen zusammenpackte, stand er schließlich auf, zog sich an und folgte uns zu Familie Leunig, wo auch für ihn selbstverständlich noch ein weiteres Schlaflager und ein warmes Fußbad bereitet wurde – Ewiger Dank den drei Damen von der Laxburg !!

Am nächsten Morgen wurde ich zur Schule geschickt. Viele Mitschüler waren gar nicht erschienen, und es herrschte natürlich eine gedrückte Stimmung. Man war überrascht, dass ich gekommen war und überhaupt noch lebte, denn es war ja bekannt, wo ich wohnte und was dort passiert war. Unser Klassenlehrer, Dr. Fritz Müller, ließ uns dann alle die eigene Entscheidung treffen, ob wir nach Hause und helfen müssten oder nicht. Ich verabschiedete mich und ging gleich zu Fuß (mein Rad stand noch im Schuppen unseres Hauses) über die Weserbrücke und dann durch die Vorlandwiesen am Brückenkopf (an dem damals noch bestehenden Ludwigsbad vorbei) zu unserem Haus, wo ich so um 11 Uhr eintraf.

Mein Großvater und meine Tante hatten schon einige wichtige Gegenstände aus der verschlammten Etage vor das Haus getragen, darunter die völlig durchnässten und schmutzigen Teppiche. Pjotr und einer der beiden russischen Kriegsgefangenen vom Tage zuvor waren meinem Großvater wieder zugewiesen, beide arbeiteten ohne weitere Bewachung mit großer Zuverlässigkeit. Ich erhielt den Auftrag, erste Gegenstände mit einer Schott'schen Karre zur Friedrich-Wilhelm-Straße in das Haus von Schneidermeister Fromme (zwischen Möbelfabrik Ronicke und dem „Langen Jammer") zu bringen. Am folgenden Wochenende ging das so weiter. In die Schule in Minden ging ich danach nicht mehr. Meine Mutter hatte sich angekündigt, um mich wieder nach Hamburg zu holen, irgendwie konnte das telefonisch geregelt werden (beide Töchter der Familie Leunig arbeiteten bei der Post).

Am 31. Okt.'44, dem Dienstag nach dem Bombenangriff, war ich wieder auf dem Trümmergelände. Dort wurde immer noch nach Verschütteten gegraben. Das machten

Fremdarbeiter und wohl auch KZ-Häftlinge, die auch bereits an der Kanalbruchstelle mit Abdichtungsarbeiten beschäftigt waren, unter strenger Bewachung. Als ich dort hinging, erkannten mich einige der SHD-Leute wieder als Bewohner des Hauses 117 und fragten mich, ob ich mal eben kommen könnte, es wäre ja keiner mehr da, der die Arbeiter der Kistenfabrik noch kannte. Ich sah dann einen Kopf aus dem Erdreich ragen, verschmutzt, aber friedlich aussehend, es war der Kopf von Herrn Voß – ein Anblick, den ich nie vergessen habe. Karl Voß soll der Letzte gewesen sein, den man nur noch tot ausgraben konnte.

Am 4. Nov. kam meine Mutter in Minden an, mit dem Zug über Hannover. Wo sie schlief, weiß ich nicht mehr; sie hatte in Minden etliche Freunde. Meine kargen Besitztümer hatten wir inzwischen in der Laxburg untergebracht, auch mein Fahrrad war gerettet worden. Am folgenden Montag sollte ich mich, mit einem Abmeldebrief an meinen Klassenlehrer Herrn Dr. Müller versehen, offiziell verabschieden, um dann wieder in meine alte Schule in Bergedorf zurückzukehren.

Meine Mutter hatte aber auch eine sehr gute Nachricht. Ihr Mann, unser Vater, hatte aus einem Lazarett in Wien geschrieben. Er würde dort, nach gelungener, vierwöchiger Flucht aus russischer Gefangenschaft, von Konstanta am Schwarzen Meer bis Belgrad, wo inzwischen die sowjetische Front verlief, erst einmal aufgefrischt, wie das beim deutschen Kommis hieß. Er würde wohl bald Genesungsurlaub bekommen. Das gab uns allen großen neuen Lebensmut.

Am Montag, dem 6. Nov.'44, fuhr ich, nun zum letzten Mal, mit dem Fahrrad in die Schule. Der Unterricht fand so normal statt, wie das in diesen Kriegstagen möglich war. Ich verabschiedete mich von Dr. Müller und den wenigen am Unterricht noch teilnehmenden Klassenkameraden, um dann so um 09:30 Uhr die Schule zu verlassen und zum Haus Nr. 117 zu fahren. Als ich aus der Hafenstraße in die Friedrich-Wilhelm-Straße einbog, gab es Vollalarm, und das ganze Spektakel vom 24. oder auch 26. Oktober ging in einiger Entfernung wieder los. Da es um mich herum noch ruhig war, fuhr ich zunächst weiter, wurde hinter der Möbelfabrik Ronicke aber von SHD-Leuten auf der Straße angehalten und sofort in einen Schutzraum auf dem Gelände neben der Glashütte getrieben, auf dem früher einmal die Gärtnerei Kittner war (mit Kittners war meine Verwandtschaft gut bekannt). Hier erlebte ich nun zum ersten Mal einen voll besetzten Schutzraum unter Bombenhagel. Männer, Frauen und Kinder saßen eng gedrängt, zusammengehörig und auch einander fremd. Ich kannte niemanden bis auf einen, Jürgen Harms, er war mit mir in der Mindener Marine-HJ und wohnte in der Glashüttensiedlung. Die Stahltüren wurden mit schweren Vorreibern fest geschlossen, es gab zwei mit Handkurbeln zu drehende Ventilatoren für die Luftversorgung. Nach wenigen Minuten ging es los. Bomben fielen sofort in unmittelbarer Nähe. Für mich war es genau so schlimm wie am 26. Oktober, nur wurden die Menschen im Schutzraum sofort laut. Sie schrien durcheinander, warfen sich zum Teil auf den Boden, es war ein furchtbarer Trubel. Die Luft wurde schnell stickig und es roch nach Schweiß. Die Leute direkt an der Eingangstür wollten raus, sie bekamen die Tür aber nicht auf – ein ähnliches Drama wie in unserem Keller am 26. Okt. im Haus 117.

Nach ungefähr 15 Minuten wurde es aber leiser, es fielen offenbar keine Bomben mehr. Einige Frauen kreischten zwar immer noch, man beruhigte sich aber langsam. Die Ventilatoren wurden nun gedreht (ich drehte den einen), und es strömte tatsächlich kühle Luft in den Bunker. Ich glaube, das gleichmäßig surrende Geräusch der Handventilatoren beruhigte genau so wie die angesaugte frische Luft.

Sehr bald gab es Entwarnung, was man auch im Bunker hören konnte. Einige Männer wollten nun die Eingangstür öffnen, es klappte aber wieder nicht. Wir versuchten es schließlich an den Notausgängen, die aber aufgebrochen werden mussten, und das dauerte. Langsam setzte wieder Hysterie ein. Man schrie, man beschimpfte sich. Schließlich brüllten zwei oder drei Männer und stauchten uns alle und sich gegenseitig zusammen. Ich war am Ende des Raums, neben dem Ventilator an einem der Notausgänge, am weitesten weg vom Haupteingang. Plötzlich wurde es ruhig und es gab einen Luftzug – die Haupttür war offen, man hatte von außen nachgeholfen. Alles strömte hinaus, und wir sahen die neue Bescherung. Die Glashütte war an mehreren Stellen schwer getroffen, und ich hatte natürlich sofort Angst um meine Verwandten, die im Haus 117 noch letzte Dinge bergen wollten.

Mein Fahrrad lag noch dort, wo ich es hingeworfen hatte. Zunächst wollte man mich nicht in Richtung Norden fahren lassen. Der Mann in SHD-Uniform, der mich aufhalten wollte, war unbewaffnet, d.h. er trug keine Pistole am Koppel. Darum schupste ich ihn einfach mit wütendem Geschrei beiseite, machte einen Sprung in den Sattel meines Fahrrades und raste los. Als ich die Friedrich-Wilhelm-Straße (erstaunlicherweise waren die Straße und die seitlichen Bahngleise nach meiner Erinnerung überhaupt nicht beschädigt) an dem nun schon mehrfach genannten Schlackenweg erreichte, kamen mir mein Großvater und meine Tante entgegen. Sie hatten sich irgendwo in ihrem nun baufälligen Haus verkrochen und waren unverletzt herausgekommen. Meine Tante sagte mir später, es wäre dieses Mal noch schlimmer gewesen als bei dem Angriff am 26. Oktober. Beide haben danach das Haus nie mehr betreten. Das Klavier wurde von mir nicht bekannten Leuten als letztes Möbelstück geborgen und in die Schneiderei Fromme gebracht. – Was aus Pjotr geworden ist, habe ich nie mehr erfahren.

Am 8. November'44 verabschiedete ich mich in Minden. Meine Mutter und ich fuhren mit der Bahn nach Hamburg-Bergedorf, was einen Tag dauerte. Nach diesem Abschied habe ich meinen Großvater nicht wiedergesehen. Er starb am 16. Februar 1946 mit fast 87 Jahren im Hause meiner väterlichen Großmutter Flessner, die im Bastaugrund wohnte und ihn mit meiner Tante Elfriede vorerst aufgenommen hatte. Großmutter Flessner berichtete mir Jahre später, dass mein Großvater das auch für ihn traurige Schicksal in stoischer Ruhe ertragen hatte, er habe jedoch nur noch sehr wenig gesprochen. – Mein Fahrrad war bei der Bahn zum Transport von Minden nach Hamburg aufgegeben worden und erreichte Bergedorf einen Tag später; Lampe, Dynamo und Rücklicht waren natürlich geklaut."

Soweit der autobiografische Erlebnisbericht des Autors. Seine Familie und er haben überlebt, ohne dass einer verletzt worden war – er hatte auf der Stirn über der Nase eine blutende Schnittwunde, die er selbst gar nicht bemerkt hatte, wohl durch einen Glassplitter der geborstenen Kellerfenster am 26.10. in der zweiten Angriffswelle entstanden. Sie wurde abends bei den Gastgebern, den Damen Leunig, versorgt und war bald vergessen.

Erst kurz vor der Drucklegung dieses Buches wurde in den privaten Unterlagen der Familie Noll ein Brief wiedergefunden, den Robert Noll jun. am 30. Oktober 1944, also nur vier Tage nach dem ersten großen Bombenangriff, an seine Schwiegereltern in Vegesack geschrieben hatte. Ein Auszug aus diesem Brief beschreibt sehr emotionell seine traurige und trostlose Stimmung. Hier die wörtliche Abschrift:

„Das Furchtbare, was uns im Werk betroffen hat, ist gar nicht zu beschreiben. Dieses unendliche Leid, was über uns hereingebrochen ist. Wie viele Frauen und Kinder und Eltern sind davon betroffen. Dieses grausige Trümmerfeld. Ein einziger Teil, ein Teil der Schälerei und der Rollentrockner sind erhalten geblieben, so dass wir vielleicht nach vielen Wochen und Monaten wieder im Kleinen anfangen können, wenn wir uns nicht zu Anderem entscheiden, durchringen müssen oder können. Es sind ja nur einige Wenige, die uns geblieben sind. Bisher vier Männer, darunter der Chauffeur Thielking, der uns eine große Stütze ist. Dann ein Teil der Halbtagsfrauen und Mädchen und drei Leute, die beim Schippen sind. Sämtliche Meister und Herr Röbke mit seiner Tochter [sind umgekommen, d. Autor] – die Frau ist gerettet. Thielking vom Büro, Isermann, alle, alle haben sie uns auf einmal verlassen. Alle diese Braven, die schon Jahre mit uns tätig waren. Nicht nur das Werk allein, sondern alle Mitarbeiter, das ist uns das Furchtbarste.

Tante Ida und Claraliese sind mit Ihren Kindern bis zur Hüfte im Wasser auf der Landstraße geflohen, obwohl der Dammbruch auf unserer Seite war. [Sie waren im Haus „90", d. Autor.]

Allein sechs beladene Kähne liegen gegenüber der Fabrik auf den Äckern. Die Weserschifffahrt liegt auch still, da die furchtbare Gewalt des Wassers alles mit sich gerissen hat. Mindestens 700 – 800 qm Erde und Stein sind allein vom Fabrikhof fortgeschwemmt. Fünfzig Leichen etwa waren heute geborgen, wir hoffen, dass es bei uns allein nicht mehr als siebzig werden, wir hoffen immer noch, dass es einige weniger sind. Zwei Volltreffer allein auf den Luftschutzkeller und drei weitere in die Fabrik, alles schwere Bomben. Im Stadtgebiet von Minden sind allein 900 schwere Bomben gefallen. Auch die umliegenden Dörfer und Bückeburg sind schwer getroffen."

Die Dramatik in den vorhergehenden Beschreibungen wird fast noch übertroffen von einem Bericht, den eine Cousine der Geschwister Noll, Ingeborg Kalwa, geb. Krieger – Jahrg. 1931, uns erst kürzlich zukommen ließ. Neben den Erlebnissen der Bombenangriffe in Minden hatte sie als Kind auch noch die Flucht aus Ostpreußen erleiden müssen. So etwas ist dem Autor und seinen Angehörigen zum Glück erspart geblieben, denn er kam im November 1944 zurück in die elterliche Wohnung in Hamburg-Bergedorf, die im ganzen Krieg keinerlei Schaden genommen hatte.

Ingeborg Kalwa hat zugestimmt, dass ihr Bericht hier ungekürzt erscheint. An ihre Cousine Annette Muxel, geb. Noll, schrieb sie im Januar 2012:

„Liebe Annette,

habe Dank für Deinen lieben Gruß und das Zusenden des Artikels über den Luftangriff auf den Mindener Kanal am 26.10.1944 und somit auch auf Eure Fabrik, die Kistenfabrik Busch-Noll. (gemeint ist der Artikel [2], d. Autor). Ich las ihn mit viel Interesse, denn zu dieser Zeit lebten meine Mutter Claraliese, geb. Noll, und wir drei Kinder bei unserer Großmutter Ida Noll in der Friedrich-Wilhelm-Str. 90. So mussten wir alles aus nächster Nähe erleben. Denn das Haus lag direkt an der alten Kanalböschung neben der alten Kanalunterführung. Heute verläuft dort der neue Kanal. Eigentlich lebten wir in Ostpreußen. Und da die Sowjets im Juli 1944 schon einmal in Ostpreußen eingefallen und bis Nemmersdorf vorgedrungen waren, ist meine Mutter mit uns in ihre alte Heimat zu unserer Großmama geflohen.

Und so haben wir den Angriff erlebt: Wir saßen gerade am Mittagstisch, als der Alarm ertönte. Wir hatten es auch heute nicht eilig, in den Keller zu kommen, denn wir fühlten uns hier „draußen" vor der Stadt ganz schön sicher. Doch plötzlich hörten wir Flugzeuge tiefer fliegen und schon rauschten Bomben herunter. Sie detonierten ganz in unserer Nähe. Jetzt wurde es ernst! Jeder raffte die wichtigsten Sachen zusammen – ich schnappte mir unsere kleine noch nicht 1-jährige Schwester Christiane. Und alle rannten wir in den Keller. Wir hatten das Gefühl, die Bomben hagelten und explodierten ganz dicht um uns herum. Alle kauerten wir im Kellerflur auf der Erde, weil meine Großmutter meinte, das Gewölbe würde uns mehr schützen als die gerade Kellerdecke. Es war eine schreckliche Situation! Und wir hatten eine furchtbare Angst. Frau Apenbrink, eine Mitbewohnerin aus dem Haus, kauerte und betete laut. (Ihr Mann war einer der alten Arbeiter in der Kistenfabrik und kam dort während des Angriffs ums Leben.) Mein Schwesterchen schrie. Und unsere Hilfe Mia rief immer nach ihrer Mama. Mein Bruder hielt es hier unten nicht aus und er lief immer nach oben, um hinten an der Tür zum Garten nach den Flugzeugen zu sehen. Irgendwann sagte jemand: „Hoffentlich treffen sie nicht den Kanal, denn dann kommen wir hier nicht mehr heraus." Während ich das hier schildere, kommen bei mir diese schrecklichen Ängste, die wir hatten, wieder hoch.

Wie lange die Bomben um uns herum hagelten, weiß ich nicht mehr. Plötzlich stand eine fremde Frau in unserem Keller und forderte uns auf, den Keller zu verlassen, der Kanal wäre getroffen und das Wasser käme. Aber zu unserem Glück hatte wohl erst eine der letzten Bomben den Kanal getroffen, so dass das Wasser nicht schon während des Bombenhagels kam. Nun war es um die Bombenexplosionen stiller geworden und wir versuchten in die demolierte Wohnung zu kommen. Die Türen klemmten, die Fenster waren zerstört und alles lag durcheinander. Christiane wurde in den Kinderwagen gelegt, die wichtigsten Dinge zusammengesucht und zu ihr gepackt. Unsere Mutter schickte meinen Bruder und mich mit dem vollgepackten Kinderwagen aus dem Haus. Als wir die Straße erreichten, sahen wir, wie das Wasser schon unter der Kanalunterführung herkam.

Wir schoben nun den vollgepackten Kinderwagen in Richtung Aminghausen und dann über das Feld zu der nächsten Kanalüberführung, die, gottlob, unzerstört war. Wir hievten den Kinderwagen zur Überführung hoch und dann wieder herunter und sahen 2 Lastkähne neben dem Kanal liegen, die aus dem Kanal herausgeschleudert waren. Christiane blieb ruhig, als ob sie mit ihren 9 Monaten schon erfasste, dass wir uns in einer fatalen Situation befanden.

So bepackt kamen wir bei unserer Tante Ingeborg Neuling, geb. Noll an, die in der Dresdner Bank in der Innenstadt wohnte. Unterwegs kamen uns Onkel Fritz Noll mit Tante Lilly voller Angst entgegen. Sie waren auf dem Weg zur Fabrik, da sie gehört hatten, dass ihre Fabrik bei dem Bombardement zerstört worden sei. Sie wollten sehen, was aus der Belegschaft geworden war und wie sie dort helfen und organisieren könnten. Erst später erfuhren wir, dass in dem Luftschutzbunker der Fabrik viele alte Arbeiter und Fremdarbeiter umgekommen waren. Als das Wasser kam, blockierten wohl Trümmer des zerbombten Gebäudes den Ausgang und zusätzlich hinderte das Feuer die Eingeschlossenen am Entkommen.

Meine Großmutter und meine Mutter versuchten noch, so gut es ging, die Wohnung zu sichern und wichtige Ess-Sachen einzupacken. Dann mussten sie sich auch beeilen, aus dem Gefahrenbereich zu kommen. Sie erreichten einige Zeit nach uns auch die Dresdner Bank. Am nächsten Tag versuchten sie noch einmal ins Haus 90 zu kommen. Sie mussten mit einem Kahn dort hingefahren werden. Das Haus war nach vorne mit Hochparterre gebaut, so dass man den Eingang über mehrere Stufen erreichte. Das Wasser schwappte bis zur obersten Stufe, so hoch war der Wasserstand. Diese riesigen Wassermassen waren aus dem Kanal geflossen, da es nicht gelang, ein näheres Sperrtor im Kanal zu schließen. Gegenüber von Haus 90 lag eine ehemalige Gaststätte, in der viele russische Kriegsgefangene untergebracht waren, die uns vom Fenster aus zuwinkten, wenn ich mit Christiane an unserem Fenster stand. Bei dem Angriff gab es auch dort Bombentreffer und etliche Gefangene sind dabei ums Leben gekommen.

Nach diesen schrecklichen Erlebnissen hielt es meine Mutter in Minden nicht mehr aus, und so machten wir uns wieder auf den Weg zurück nach Ostpreußen. Als wir dann nach 2 Tagen in Allenstein eintrafen, freute sich unser Vater gar nicht über unser Wiedersehen, hatte er uns doch im Westen in Sicherheit gewähnt. Das Glück zu Hause zu sein dauerte nicht lange, denn im Januar 1945 brachen die sowjetischen Truppen im Süden Ostpreußens durch. Als sie dicht vor Allenstein standen, mussten wir so schnell wie möglich auf die Flucht.

Ihr Lieben, es war eine furchtbare, eine schreckliche Zeit. Und jetzt mache ich einen dicken Strich unter diese Erlebnisse in meiner Kindheit. ――――― "

Soweit Ingeborg Kalwa. Wir Autoren und Koautoren haben für den dicken Strich großes Verständnis und sind ihr sehr dankbar, dass sie diesen Brief zu Papier gebracht und uns als Kopie überlassen hat.

Bevor es im nächsten Kapitel mit dem Neubeginn weitergeht, werden zwecks besserer Übersicht drei Luftaufnahmen des gleichen Gebiets in Blickrichtung nach Norden gezeigt.

Luftaufnahme um 1922

An dieser Stelle sei auch auf die Luftaufnahme der US Airforce im Anhang auf Seite 133 hingewiesen. Der Autor erhielt sie erst im Januar 2015, also nachdem die Öffentlichkeit die Erstausgabe des Buches einsehen und lesen konnte. Das Foto im Anhang ist „eingenordet", weshalb die Herkunftsangabe mit dem Aufnahmedatum 27. Dez. 1944 am Bildrand auf dem Kopf steht. Man sieht an der Mittellandkanalbrücke keine Beschädigungen. Die sichtbaren Bombentrichter liegen weit überwiegend nordöstlich der Brücke im Dorf Leteln. Sie zeigen die Einschläge von Zwanzigzentnerbomben: 252 am 26.Okt. und 305 am 6. Nov. 1944; diese Zahlen sind dokumentiert, s. Nordsiek [1]. Die über 500 Bomben haben also beide Male das eigentliche Ziel verfehlt, die Kanalbrücke zu zerstören.

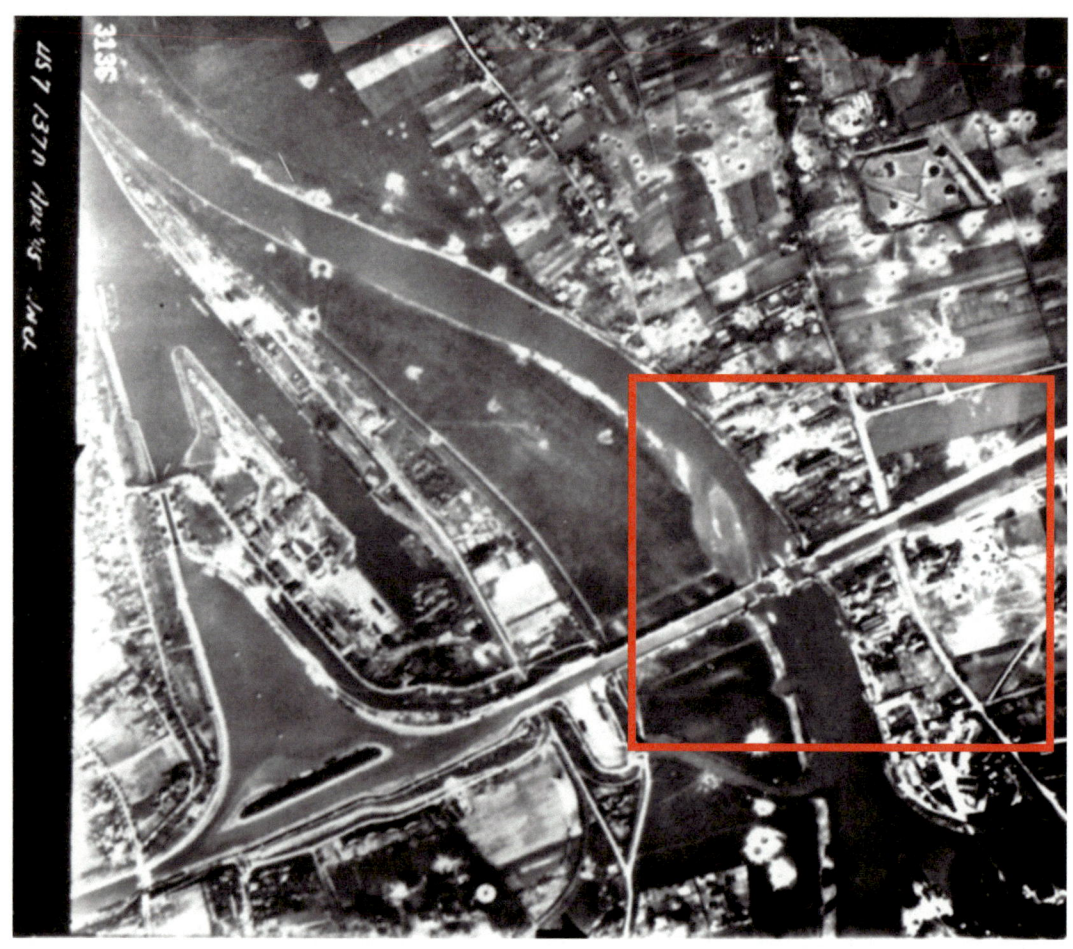

*Luftaufnahme der US Airforce vom April 1945,
siehe vertikale Beschriftung am linken Bildrand.*
Die Mittellandkanalbrücke war kurz vorher von den Deutschen gesprengt worden

Viele Bombentrichter sind noch gut zu sehen. Einige weiße Punkte, besonders gut zu erkennen unter dem oberen Rand des Fotos, wurden später als Blindgänger identifiziert. Solche Luftaufnahmen wurden den zuständigen deutschen Behörden für die Räumung und den Wiederaufbau von der britischen Militärregierung zur Verfügung gestellt. Speziell beim Neubau der Nordbrücke über die Weser (sie sollte Jahre später die Weser etwa am unteren Bildrand kreuzen) war eine sichere Räumung wichtig.

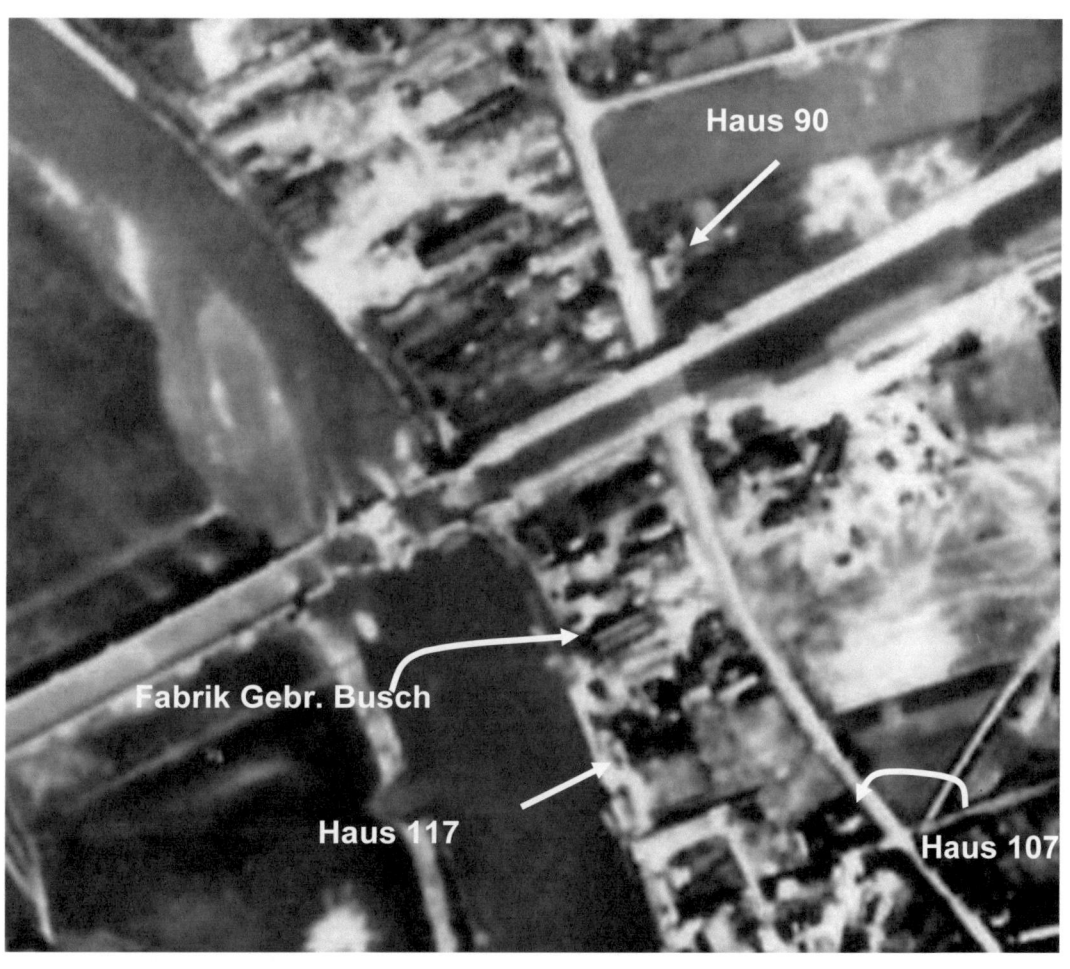

Vergrößerter Ausschnitt aus der Luftaufnahme der US Airforce vom April 1945 auf der vorigen Seite

Mit dem nächsten Bild wird ein Sprung in die Zukunft gewagt. So sieht das Gebiet ungefähr 12 Jahre nach dem Bombenangriff aus, man vergleiche mit der Luftaufnahme auf Seite 107.

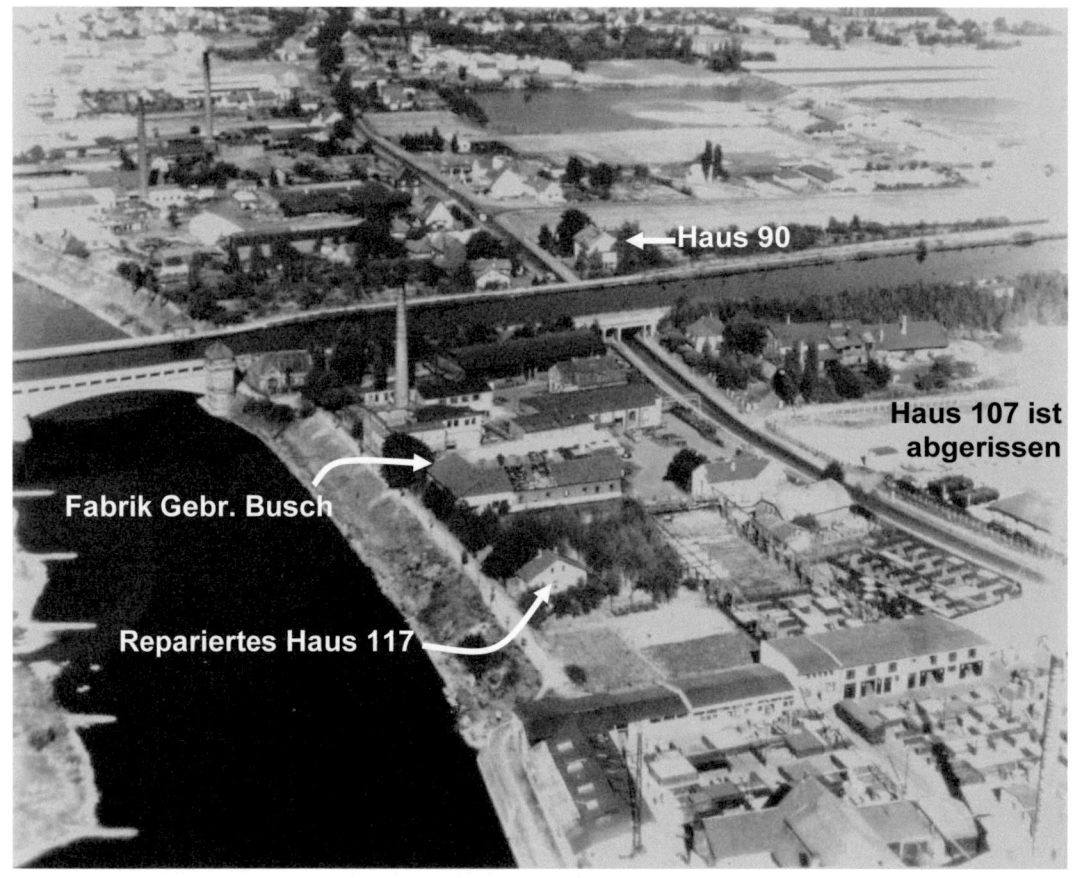

Luftaufnahme um 1956

Die Mittellandkanalbrücke wurde nach der Sprengung durch deutsche Pioniere am 4. April 1945 repariert und teils erneuert. Der neue auf nördlicher Seite verlaufende Kanal existiert noch nicht; das Haus Friedrich-Wilhelm-Str. 90 steht noch, auch das reparierte Haus 117. Die Firma Gebr. Busch ist jetzt ein Furnierwerk und liefert vorrangig an die Möbelindustrie. Das Haus 107 musste Platz machen, es ist schon abgerissen.

Neubeginn und Ende der Firma Gebr. Busch

Die folgenden Fotos zeigen noch einmal das ganze Ausmaß der Zerstörung, die der schreckliche Bombenangriff vom 26. Oktober 1944 angerichtet hatte. Sie lassen auch ahnen, welches unendliche Leid den Menschen widerfahren ist. Welche Angst haben sie in den Kellern beim Angriff ausgestanden, unter welch schrecklichen Bedingungen sind sie schließlich umgekommen und wie verzweifelt sind ihre Angehörigen gewesen! Wie sollte da schnell etwas Neues beginnen können! Außerdem muss man die schwierigen Verhältnisse in den letzten Kriegsmonaten und den ersten Nachkriegsjahren bedenken.

Die zerstörte Sägerei mit dem Entladekran. Unter Wasser die Friedrich-Wilhelm-Straße.
Auf dem unteren Foto sieht man am unteren Bildrand die noch etwas ratlos blickenden Pioniere vor den Aufräumungsarbeiten

Links der Rest des schwarzen Schuppens, in der Mitte eine Stütze des unterspülten „Fliegers", rechts oben die Schälerei

Links der hintere Teil des Hauses Friedrich-Wilhelm-Straße 117, Wohnhaus von Carl Strathmann; hier erlebte der Autor den Bombenangriff vom 26. Okt. 1944. Im Vordergrund Reste des zerstörten Lagerschuppens, im Hintergrund der „Flieger"; rechts oben Giebelteil der Schälerei

Deltabildung in der Weser durch das auslaufende Kanalwasser; in der Mitte das Haus von Carl Strathmann. Rechts im Hintergrund die Glasfabrik Wittekind.
Fotografiert von der Kanalbrücke

Nach fast 100 Jahren des Bestehens war nach Kriegsende an eine Produktion innerhalb der nächsten vier Jahre nicht zu denken. Einerseits war der Verlust von Maschinen und Gebäuden zu beklagen. Schwerer wiegend war aber der Verlust des seit Jahrzehnten eingespielten Stammpersonals, das überwiegend vom Wehrdienst freigestellt war. Wissen und Kenntnisse waren verloren gegangen.

Zunächst musste aufgeräumt werden. Trümmer wurden überwiegend in die durch die Fluten abgesackten Löcher zur Weser hin verfrachtet. Die vorhandenen, noch brauchbaren Gebäude wurden wieder hergerichtet, die unbrauchbar gewordenen abgerissen. Ähnlich war es bei den Maschinen. Nur wenige konnten repariert werden, der Rest wurde verschrottet. Wiederhergestellt werden konnten eine Schälmaschine, der Rollentrockner und das Kesselhaus, ebenso die große Krananlage für das Rundholz und die Dämpfanlage für die Rundhölzer unterhalb der Krananlage. Auch die Presse für die Zigarrenkistenbretter, angetrieben durch Dampf, konnte wieder in Gang gesetzt werden. Ferner konnten auch einige Furnierscheren, manuell oder durch Fußpedal angetrieben, weiter verwendet werden. Das innerbetriebliche Transportsystem wurde auf Arbeitstische umgestellt. Diese Tische aus Stahlgerüsten waren etwa fünf Meter lang, zwei Meter breit und mit je vier Rädern versehen, die in alle Richtungen bewegt werden konnten. Als Ablageflächen waren Holzbohlen eingearbeitet. Der Transport des Rundholzes erfolgte nach wie vor auf Loren. Bis 1953 vom Kaltblutpferd „Moritz" gezogen, danach durch Motoren und Seilwinden. – Nach dem Krieg kehrten etwa 10 bis 15 „Ehemalige" aus Kriegsgefangenschaft zurück und wurden wieder eingestellt.

Auch an den Schiffen, die das Kanalwasser durch den durch Bomben zerstörten Kanaldamm (siehe die Fotos auf den Seiten 92, 94 u. 95) auf die Äcker heruntergespült hatte, begann endlich die Aufräumarbeit. Einige wurden ebenfalls verschrottet, weil sie völlig unbrauchbar geworden waren, andere lagen jedoch noch lange Zeit auf den Äckern.

Sie wurden in einer großen Aktion über die Friedrich-Wilhelm-Straße hinweg in die Weser gezogen, wie das folgende Foto erahnen lässt. Es zeigt wohl eines der letzten auf dem Trockenen liegenden Binnenschiffe, auf Seite 94 abgebildet. Es wurde auf Bohlen mit Schmierseife und mit Hilfe von Seilwinden über die Friedrich-Wilhelm-Straße von

←   *Weser*   *Äcker östl. der Friedrich-Wilhelm-Straße*   →

den Äckern östlich der Straße mehrere hundert Meter weit in Richtung Weser gezogen. Im Vordergrund hinter dem Zaun sieht man das Gleis der Mindener Kreisbahn und den Fahrdamm der Friedrich-Wilhelm-Straße.

Der eigentliche Betrieb begann erst wieder Anfang Januar 1949. Hauptsächlich wurden nun Schälfurniere für die Möbelindustrie gefertigt. Zigarrenkistenbrettchen waren nur noch ein geringer Teil der Produktion; sie ebbte immer mehr ab, da auch der Konsum von Zigarren nachließ; 1961 wurde sie ganz eingestellt – siehe die „Zigarrenmacher" von Rolf Momburg[5], dort Seite 158. Die Auslieferung erfolgte durch Speditionen oder auch Selbstabholer. Immer wieder wurde versucht, die Arbeitsweisen und Abläufe der Furnierproduktion zu verbessern. So wurden die Furnierscheren elektrifiziert, also mit Motoren ausgestattet, so dass das Fußpedal zum Druckschneiden der Furniere entfiel und durch ein elektrisches Fußpedal ersetzt wurde. Auch die Furnier-Schälmaschine wurde durch eine mit automatisch angetriebener Wickelvorrichtung ersetzt. Voraussetzung für das Aufwickeln war Rundholz von bester Qualität, denn durch Verdickungen oder Äste im Holz wurde das Furnierband unterbrochen und musste von Hand wieder aufgefangen werden.

Mitte der 50er Jahre wurde eine zweite moderne Schälmaschine angeschafft, welche die Herstellung der Furniere beschleunigte. Die erste moderne Maschine ist schon auf Seite 55 abgebildet. Die Dampferzeugung mit 180^0 Celsius war kostenintensiv. Für Dämpfgruben, die sich ebenfalls auf dem schon auf Seite 53 gezeigten Bild erahnen lassen, und für Presse und Rollentrockner wurde der Dampf überirdisch durch isolierte Rohre geleitet, aber ohne Rückführung. Der verbrauchte Dampf wurde nach oben als Abluft abgeführt.

Für die frühere Antriebskraft über Transmissionen waren zum Teil noch Kanäle vorhanden, die zur Verlegung von Rohren geeignet waren. So wurde beschlossen, ein Rückführungssystem zu installieren. Die vorhandenen Kanäle reichten nicht aus. Es wurden vom Kesselhaus und zu den Dämpfgruben zusätzliche Kanäle geschaffen, siehe oben. Nach der Installation der Rohrschlangen aus V2A-Stahl konnten die jeweiligen Bedarfsobjekte angeschlossen werden. Es zeigte sich nach kurzer Zeit, dass bedeutend weniger Steinkohle verbraucht wurde.

Entscheidend war, dass der Kessel genügend Temperatur behielt. Das wurde hauptsächlich durch die anfallenden Holzabfälle erreicht. Die oben beschriebene Investition erfolgte 1961 und hatte sich in drei Jahren amortisiert.

Das reparierte Kesselhaus, Foto von 1962.
Links der Heizer Carl Diekmann, rechts der Prokurist Jürgen Noll

Für die bisherige Steinkohle wurde von der Ruhrkohle ein Rabatt gewährt. Dieser Rabatt entfiel allerdings, nachdem der Steinkohleverbrauch um Zweidrittel gesunken war. Die Installation und Ausführung dieses neuen Rohrsystems wurde von eigenen Schlossern unter Mithilfe und Beratung der Technischen Hochschule Hannover erstellt. Nach 1962 wurde ein moderner Rollentrockner angeschafft. Der alte Rollentrockner war störanfällig geworden und hatte unter den Kriegseinwirkungen stark gelitten. – Das Kesselhaus war schon 1949 wieder hergestellt. Die Kessel erzeugten den benötigten Wasserdampf für die Dämpfgruben. Im selben Jahr wurde auch die Produktion von Furnieren wieder aufgenommen.

Um Schälfurniere herzustellen, wird geeignetes Stammholz benötigt. Geeignet heißt: dicke Stämme, die eine große, möglichst runde Querschnittsfläche haben, was das Messerschälen überhaupt erst wirtschaftlich macht. Auch sollte das Holz weitgehend astfrei und nicht sonderlich hart sein. Dieses alles trifft vornehmlich für die schon ab Seite 42 ff. beschriebenen Hölzer aus Übersee zu, speziell aus dem tropischen Westafrika (Gabun).

Da einheimische Hölzer mit diesen Eigenschaften nur sehr beschränkt verfügbar sind, war die Firma Gebr. Busch auch weiterhin auf Importhölzer angewiesen.

Bundesstelle für den Warenverkehr
der gewerblichen Wirtschaft
Fachl. Gruppe Holz und Papier (XI)

Frankfurt a. M., den 9.9.1952

Gesch.-Z. 11 111 Az. VT/V Tgb. Nr. _____ /52

Firma
Gebrüder Busch
Furnierwerk
M i n d e n /Westf.
Postfach 10

B e s c h e i n i g u n g

Nach Überprüfung der vorgelegten Unterlagen wird Ihnen auf Grund der Vorschrift des Abschnittes I, Ziffer 6 b) des Runderlasses Außenwirtschaft Nr. 56/51 des Herrn Bundesministers für Wirtschaft vom 15.12.51 (BAnz Nr. 244 vom 18.12.51) die Antragsberechtigung für die Einfuhr von

europäischem und überseeischem Rundholz
----

zuerkannt.

Diese Bescheinigung dient zur Vorlage bei den für die Erteilung von Einkaufsermächtigungen und Einfuhr- und Zahlungsbewilligungen zuständigen Stellen.

Im Auftrag

- Fürer -

Nach dem verlorenen Zweiten Weltkrieg war ein Import nach Deutschland jedoch nicht ohne weiteres möglich bzw. erlaubt; man brauchte eine besondere Einfuhrerlaubnis der jeweiligen Besatzungsmacht, das war für Minden die britische Militärregierung. Die wiederum beauftragte eine deutsche Wirtschaftsbehörde. Für eine von der Firma Gebr. Busch benötigten Genehmigung war das die »Bundesstelle für den Warenverkehr der gewerblichen Wirtschaft« in Frankfurt am Main. Damit war das Genehmigungsverfahren allerdings noch keineswegs abgeschlossen; denn diese Behörde bescheinigte nur, dass die Firma berechtigt ist, Anträge für die Einfuhr von Rundholz aus Europa und Übersee zu stellen. Erst nach Erteilung der beantragten Einkaufsermächtigungen begann das sonst und auch heute übliche Importgeschäft.

Die obige Bescheinigung mag als Beleg gelten für die wirtschaftlichen Beschränkungen der damaligen Zeit als Folge des verlorenen Krieges, die von einem Unternehmer große Geduld und ein gewaltiges Durchhaltevermögen verlangten.

Blicken wir nun auf die nach Kriegsende verantwortlichen Leiter der Firma Gebr. Busch, den Vater Friedrich Noll und seinen Sohn Robert. Sie wohnten vor und während des Krieges mit ihren Familien in Stadtnähe. Friedrich Noll in seiner Villa an der Kurfürstenstraße 2, nahe der Bunten Brücke – siehe oben. Robert Noll jun. wohnte in einer Mietwohnung im Fischerglacis.

Haus Friedrich-Wilhelm-Straße 107

Das oben abgebildete Haus Friedrich-Wilhelm-Straße 107 auf dem Firmengelände wurde bis zum Bombenangriff am 26. Okt. 1944 von der Familie des Prokuristen Karl Röbke bewohnt. Nach dem Krieg zogen alle Nolls vorübergehend in das Haus 107 auf dem Fabrikgelände. Zeitweilig wohnten in diesem Haus drei Familien, das waren vorübergehend 11 Angehörige der Familie Noll, und drei unverheiratete Frauen. So viele Personen in einem Haus, in dem vor und während des Krieges nur die Familie Röbke mit drei Personen gelebt hatte! Diese Überbelegung eines Hauses war damals nichts Ungewöhnliches; sie war eigentlich normal. Durch den Bombenkrieg waren viele Häuser zerstört, die vielen Flüchtlinge suchten eine Unterkunft; dazu hatten die Besatzungsmächte Häuser für sich beschlagnahmt, auch das in der Kurfürstenstraße 2. Man konnte froh sein, wenn man überhaupt in einem halbwegs unbeschädigten Haus unterkommen konnte. Unter diesem Aspekt war das ein „beengter Luxus".

Der erzwungene Umzug hatte einen Vorteil: Friedrich und Robert Noll wohnten auf dem Fabrikgelände und konnten die Aufräumarbeiten und den Wiederaufbau der zerstörten Fabrik aus der Nähe leiten.

Im Nov. 1945 zogen Friedrich Noll mit seiner Frau und der Familie seiner Tochter in das Haus Friedrich-Wilhelm-Straße 90, in dem noch zwei weitere Familien wohnten und außerdem eine Zahnarztpraxis untergebracht war. Als im März 1953 Friedrich Nolls Frau Lilly gestorben und der Zahnarzt mit Familie und Praxis in ein eigenes Gebäude umgezogen war, kam einige Monate später auch Robert Noll mit seiner Familie von „107" nach „90" (so wurde in der Familie Noll immer verkürzt gesprochen). Im Haus „90" war jetzt Platz; „107" wurde nicht mehr benötigt und an die Glashütte verkauft.

*Dieses Foto von 1963 zeigt das Haus Friedrich-Wilhelm-Straße 90.
In ihm erlebte Ingeborg Kalwa, geb. Krieger, den Bombenangriff vom 26. Oktober 1944.
Später wohnten hier die Familien Friedrich und Robert Noll, dazu andere Mieter.
Das Haus wurde 1976 abgerissen, als die Kanalüberführung erweitert wurde*

Wenn möglich, versorgte man sich auch weitgehend selbst. Glücklich war, wer in eigenem Garten am Haus sein Obst und Gemüse ernten und sich Kleinvieh halten konnte und nicht nur auf Lebensmittelmarken angewiesen war. Bei den Nolls liefen sogar Gänse im eigenen Garten des Hauses „107" frei herum, das war gleich nach dem Kriege etwas ganz Besonderes. Natürlich mussten die gehegt, gefüttert und bewacht werden, denn eine Gans war normalerweise damals im Laden nicht zu kaufen und verständlicherweise ein Objekt der Begierde und Versuchung hungriger Mitmenschen, s. Foto auf Seite 121.

Am 5. Nov. 1957 wurde Friedrich Noll 80 Jahre alt. Er hatte die Firma Gebr. Busch ab 1917 vierzig Jahre lang als Chef geführt. In die Zeit seiner Leitung fallen die dramatischen Ereignisse des 20. Jahrhunderts: die politisch und wirtschaftlich unruhigen Jahre der Weimarer Republik, der scheinbare Aufstieg und die Bevormundung durch das nationalsozialistische Regime, der Zweite Weltkrieg mit dem verheerenden Bombenangriff vom 26. Oktober 1944 und schließlich die Jahre des Wiederaufbaus; eine wahrhaft beachtliche Lebensleistung!

*Friedrich und Robert Noll 1948 hinter dem Haus 107
beim Zuschneiden des Futters für die eigenen Gänse*

Als der Mittellandkanal geplant wurde, übrigens schon ab 1856, gab es die Zigarrenkistenfabrik der Gebrüder Busch an ihrer endgültigen Stelle noch nicht, wenngleich das Gelände den Brüdern schon gehörte, siehe in diesem Buch S. 10 unten. Die Umsetzung des Plans für einen Kanalbau verlief abschnittsweise, jedoch sehr zögerlich und wurde, besonders wegen erheblicher Widerstände aus den Kreisen der ostdeutschen Großgrundbesitzer[36], erst am 1. April 1905, also fast 50 Jahre später, endgültig beschlossen.

Die Folgen des Kanalbaus, die für die Fabrik der Gebr. Busch letztendlich ungünstig, ja schicksalhaft waren, konnte man nur mit prophetischer Gabe voraussehen. Der Prophet wäre wohl auch nicht ernst genommen worden. In diesem Falle war es eine Prophetin, eine neuzeitliche Kassandra, nämlich die Frau des Kutschers Ferdinand Isermann, die kurz nach der Eröffnung des Kanalabschnitts im Mindener Gebiet schon am 10. Nov. 1918 einen Dammbruch mit Überschwemmungen bei Dankersen erlebt hatte, s. auch [37]. Die Familie Strathmann erzählte dem Autor, Frau Isermann hätte stets Angst vor dem Wasser des Kanals im hoch liegenden Dammbereich gehabt. Dass ausgerechnet sie nach dem Bombenangriff ein Opfer des ausströmenden Kanalwassers bei vollem Bewusstsein bis zum Ertrinkungstode wurde, ist wirklich schicksalhaft. ——

> **Gebrüder Bufch**
> FURNIERWERK
> Minden (Westf.)
> FERNSPRECHER 3451
>
> (21a) MINDEN (WESTF.) 2, im Juni 1958
> Postfach 10
>
> Sehr geehrte Herren!
>
> Wir gestatten uns, Ihnen mitzuteilen, daß der hochverehrte Seniorchef unserer Firma und vorbildliche Unternehmer
>
> Herr Fabrikbesitzer Friedrich Noll
>
> mit dem 1. Januar d.J., nach sechzigjähriger unermüdlicher Tätigkeit zum Wohle unserer Firma und seiner Familie, in den längst verdienten Ruhestand getreten ist und seine Anteile an unserer Firma seinem Sohn, unserem bisherigen Mitinhaber
>
> Herrn Fabrikant Robert Noll
>
> übertragen hat.
>
> Unser Herr Robert Noll hat nunmehr unsere Firma, mit sämtlichen Aktiven und Passiven, als Alleininhaber übernommen.
>
> Wir danken Ihnen für das unserem Hause bisher entgegengebrachte Vertrauen.
>
> Es wird unser Herr Robert Noll in nunmehr vierter Generation bemüht sein, die von seinem Vater und aufrichtigem Freund und Berater, wie die von seinen Vorvätern gewahrte Tradition im gleichen Sinne fortzuführen, wobei er von unserem langjährigen und bewährten Mitarbeiter und nunmehrigen Handlungsbevollmächtigten
>
> Herrn Friedrich Büsching
>
> und unseren weiteren Mitarbeitern und Mitarbeiterinnen unterstützt wird.
>
> Wir bitten, uns auch weiterhin Ihr Vertrauen zu bewahren!
>
> Es werden zeichnen:
>
> Robert Noll
>
> Fr. Büsching
>
> Mit bester Empfehlung und freundlichen Grüßen
>
> Gebrüder Bufch

Die Art der Zerstörung der Fabrik durch den Bombenangriff und deren Folgen waren eine unheimliche Hypothek, die auf einem Wiederaufbau lastete und ihn zusätzlich erschwerte. Robert Noll jun. hatte Elfriede Strathmann, der Tante des Autors, gesagt, dass nun ihr Vater, der alte Werkmeister fehlt. Wenn er noch gelebt hätte (er war am 16. Februar 1946 gestorben), wäre man mit größerer Zuversicht an den Wiederaufbau gegangen.

Vater Friedrich und Sohn Robert Noll hatten sich weiterhin rührend um die Unterbringung und Versorgung von Elfriede gekümmert; denn das Vermögen der Strathmanns war ebenfalls mit der Zerstörung weitgehend verloren. Beide starben allerdings vor ihr, Robert viel zu früh, 16 Jahre vor Elfriede, die im August 1987 mit 95 Jahren starb.

Im Januar 1958 hatte Friedrich Noll sich aus der Firma zurückgezogen und sie ganz seinem Sohn und bisherigen Teilhaber Robert überlassen. In einem Schreiben an die Geschäftspartner lässt er mitteilen: „Unser Herr Robert Noll hat nunmehr unsere Firma, mit sämtlichen Aktiven und Passiven, als Alleininhaber übernommen." Gleichzeitig wurde dem langjährigen Mitarbeiter Friedrich Büsching Handlungsvollmacht erteilt, s. vorige Seite.

Am 26. Sept. 1959 entschlief Friedrich Noll im Alter von fast 82 Jahren. Von 1917 bis zum Januar 1958 hatte er die Firma Gebr. Busch als Chef geführt. Der folgende Nachruf im Mindener Tageblatt würdigt sein Lebenswerk in diesen schwierigen Zeiten:

Fabrikant Friedrich Noll †

Nur wenige Wochen bevor er hätte am 5. November seinen 82. Geburtstag begehen können, hat der Tod einen Mindener Unternehmer abberufen, dessen Name engstens mit der erfolgreichen wirtschaftlichen Entwicklung unserer Stadt und vor allem dem Wiederaufbau nach den Zerstörungen des letzten Krieges verbunden sein wird. Der Seniorchef der Furnierwerke Gebr. B u s c h an der Friedrich-Wilhelm-Straße, Fabrikant Friedrich N o l l, hat seinen irdischen Weg vollendet.

Als Sohn des Fabrikanten und späteren Kommerzienrates Robert Noll und dessen Gattin Elise, geb. Busch, 1877 in Minden zur Welt gekommen, absolvierte Friedrich Noll nach seiner Schulzeit auf dem Realgymnasium eine kaufmännische Lehre in einem Sägewerk in Elmshorn. Der Erweiterung seiner Kenntnisse diente eine vorübergehende Tätigkeit bei der Reichsbank in Minden. Eine einjährige Studienreise in die nordischen Länder Dänemark, Norwegen, Schweden und Finnland half mit, aus dem jungen Menschen eine weitblickende Persönlichkeit zu prägen.

Zunächst als Teilhaber in das Unternehmen eingetreten, übernahm Friedrich Noll bald nach dem ersten Weltkrieg die alleinige Leitung. Trotz wirtschaftlich unruhiger Zeiten führte er die Firma weiter auf den Weg des Aufschwunges. Das Unternehmen war längst weithin bekanntgeworden und spielte in seiner Branche

Ein letztes Foto von Friedrich Noll

eine sehr maßgebliche Rolle. Bezeugt wird diese Tatsache nicht zuletzt dadurch, daß Friedrich Noll in den Vorstand des Verbandes Deutscher Zigarrenkisten-Fabrikanten berufen wurde. Hier leistete er jahrelang wertvolle Arbeit und machte sein Können und die Erfahrung seines unternehmerischen Wirkens nicht allein dem eigenen Betrieb dienbar.

So beständig aufwärtszeigend die Entwicklung lange Jahre hindurch verlaufen war und so erfolgversprechend die Zukunft schien, so schwer wurde die Firma Gebr. Busch durch den zweiten Weltkrieg getroffen. Allen Mindenern ist noch der 26. Oktober 1944 in Erinnerung, als der erste schwere Bombenangriff unsere Stadt traf. Vernichtet wurde dabei auch das Lebenswerk Friedrich Nolls. 87 treue Mitarbeiter verloren damals ihr Leben.

Aber noch einmal fand der damals schon Hochbetagte die Kraft zu neuem Beginnen. Zusammen mit seinem Sohne Robert Noll, der 1939 als Teilhaber eingetreten war, nahm er den neuen Aufbau in die Hand. 1949 konnte dann die Produktion wieder aufgenommen werden. Das waren mit die härtesten Jahre im arbeitsreichen Leben Friedrich Nolls. Gleichzeitig mit dem Wiederaufbau war eine wirtschaftliche Umstellung verbunden, denn fortan ruhte das Schwergewicht der Produktion auf der Herstellung von Schälfurnieren. Abermals stellte sich der Erfolg ein, und die Firma Gebr. Busch eroberte sich ihre Bedeutung im Mindener Wirtschaftsleben zurück.

Von Friedrich Noll gilt es Abschied zu nehmen. Schmerz erfüllt nicht allein die Angehörigen des Verstorbenen. Auch alle Mitarbeiter im Werk hegen Trauer. Ein Mann, der Überdurchschnittliches geleistet hat in seinem Leben und der auch im Menschlichen überall Wertschätzung und Zuneigung zu wecken vermochte, hinterläßt eine große Lücke. Viele werden ihm ein dankbares Gedenken bewahren. Das ist ihm auch seine Vaterstadt schuldig.

Seit 1959 wurde Robert Noll in der Firmenführung von seinem Sohn Jürgen unterstützt, der 1960 Prokura erhielt und auf die Arbeit in der Firma sorgfältig vorbereitet worden war.

Jürgen Noll wurde am 25. Januar 1936 in Minden geboren, als Sohn des Fabrikanten Robert Noll und seiner Ehefrau Ilse Noll, geb. Meyer. Er absolvierte eine Ausbildung, wie sie in der Familie Tradition und für einen Nachfolger in der Firma Gebr. Busch vorgesehen war: Schulbesuch des Gymnasiums bis zur mittleren Reife, Höhere Handelsschule, Lehre bei einer Firma in Kelkheim/Taunus und Abschluss als Industriekaufmann. Vorher hatte er noch Praktika durchgeführt in der Möbelindustrie und bei Holzimportfirmen.

Inzwischen war in der Möbelindustrie ein Wandel eingetreten. Das für Türen, Seitenwände und Rückwände benötigte Sperrholz wurde immer öfter durch Spanplatten ersetzt, weshalb weniger Schälfurniere geordert wurden. Je nach Auftragslage wurde in früheren Jahren auch samstags gearbeitet, bis mittags, oder es wurden Überstunden zusätzlich geleistet.

Jürgen Noll, um 1990

1960 hatte man noch damit gerechnet, dass die Firma Gebr. Busch, die auf eine Tradition von 115 Jahren zurückblicken konnte und nach der Zerstörung durch den Bombenangriff wieder in Betrieb genommen worden war, eine lange Zukunft haben würde. Aber es kam anders!

Gravierend wurde die geschäftliche Lage in den Jahren 1963 bis 1965, weil, wie weiter oben schon erwähnt, die Furniere des Betriebes nicht mehr so geordert wurden wie in den früheren Jahren. Seit Anfang der fünfziger Jahre waren schon ungenutzte Flächen und zwei Hallen an die benachbarte Glasfabrik Wittekind (zur Gerresheimer Glashüttenwerke AG gehörend) verpachtet worden. Zur gleichen Zeit waren weitere Flächen und eine Halle an die Fa. J. E. Degener, (Eisenhandel) und die Hälfte des Bürogebäudes verpachtet. Auch wurden Gespräche mit dem Gerresheimer Mutterkonzern in Düsseldorf geführt; als Ergebnis wurde die gesamte Produktion zum 31.10.1965 stillgelegt.

Robert Noll jun. hatte damals vor einer schwierigen Herausforderung gestanden. Er bemühte sich als redlicher Kaufmann, einen möglichen Konkurs der Firma zu vermeiden und – in Verantwortung vor dem Namen Gebrüder Busch und vor seinen Vorfahren, in Verantwortung vor seinen Mitarbeitern und seiner Familie – die Firma geordnet und würdig enden zu lassen. Das war sicherlich nach den Ereignissen um die Zerstörung der Fabrik die schwierigste und am meisten belastende Aufgabe in der Geschichte der Firma Gebr. Busch. Aber Robert Noll hat sich dieser Aufgabe gestellt und sie nach bestem Wissen und Gewissen gelöst — er hätte sich ihr auch entziehen und sie seinem designierten Nachfolger überlassen können.

Unten sei zu guter Letzt das zur Fabrik gehörenden Gebäude gezeigt, welches bald nach dem Feuer im Jahre 1911 für das Kontor gebaut worden war, fotografiert ungefähr 1922, wie das auf Seite 21 mit den Lehrlingen abgebildete Haus für die Bekleberei. Über die Lage beider Gebäude orientiere man sich am Plan auf Seite 51.

Die Bombenangriffe am 26. Okt. und 6. Nov. 1944 demolierten das Bürohaus kaum; nur das Dach und die Fenster waren beschädigt. Allerdings lief das Wasser aus dem Mittellandkanal auch hier in die Keller und durchnässte alles, auch die dort aufbewahrten Firmenakten. Robert Noll hat diese in mühsamer Kleinarbeit gesammelt und getrocknet, so dass sein Sohn Jürgen sie später ordnen und aufbewahren konnte.

Bürogebäude von Gebr. Busch nach 1911 bis Oktober 1965

Das Haus blieb noch bis Oktober 1965 das Bürogebäude von Gebr. Busch, also weitere zwanzig Jahre nach Kriegsende. Wie bereits erwähnt wurde die Hälfte des Hauses noch einige Zeit länger an die Eisenhandlung J. E. Degener verpachtet.

Robert Noll 1963 während eines Familienausflugs nach Rinteln

Der letzte Leiter der Firma Gebr. Busch Robert Noll jun. erlebte mit seinem Sohn, dem Prokuristen Jürgen Noll, bis ungefähr 1963 noch einen kurzen, hoffnungsvollen geschäftlichen Aufschwung.

Das Foto zeigt einen humorvollen, herzlichen und liebevollen Familienvater. Robert Noll bedeutete die Harmonie in seiner Familie viel. Gerade für die immer schwieriger werdenden Verhältnisse in der Firma war die Familie für ihn ein Ruhepol. Er brauchte die Gesellschaft seiner Frau und seiner Kinder.

Das ganze Gelände der Fabrik war am 31. Oktober 1965 an die Gerresheimer in einem Optionsvertrag verpachtet worden. Gleichzeitig wurde vereinbart, dass Maschinen in der Anfangszeit des Vertrages verkauft oder verschrottet werden. Der größte Teil der Belegschaft konnte schon vorher in benachbarten Firmen neue Arbeit finden. Zuletzt hatte der Betrieb ca. 40 Beschäftigte. Die Fa. Gebrüder Busch war nun ein ruhender Gewerbebetrieb und wurde 1968 handelsregisterlich gelöscht.

Leider konnte Robert Noll anschließend gerade 5 Jahre den „Ruhestand" erleben; er starb am 14. Februar 1971.

Das Mindener Tageblatt würdigt ihn und seine Arbeit mit folgendem Nachruf:

Robert Noll †

Im Alter von nur 65 Jahren verstarb am Sonntag der Mindener Fabrikant Robert Noll. Sein Name ist unlöslich mit der Geschichte der Kistenfabrik Gebrüder Busch an der Friedrich-Wilhelm-Straße verbunden. Robert Noll übernahm dieses Werk von seinem Vater, der es zu großer Bedeutung geführt hatte. Im wesentlichen wurden Kisten für die Zigarrenindustrie produziert.

Ein schwerer Schlag traf das Unternehmen am 26. Oktober 1944. Damals wurde nicht nur das Werk während eines Bombenangriffes zerstört, sondern in den Luftschutzkellern der Gebäude fanden über hundert Menschen den Tod, als der Damm des Mittellandkanals von Bomben getroffen war, zerbarst und sich das Wasser in diese Keller ergoß.

Nach dem Kriege war es im wesentlichen das Werk von Robert Noll, dieses Unternehmen wieder aufzubauen. Der Strukturwandel in der Zigarrenindustrie zwang freilich dazu, einen anderen, artverwandten Produktionszweig zu suchen. Die Kistenfabrik Busch wurde zum Furnierwerk umgerüstet. Erst vor wenigen Jahren wurde auch diese Fabrikation aufgegeben und das Industriegelände langjährig an die benachbarte Glasfabrik Wittekind verpachtet.

Robert Noll war der letzte aktive Vertreter einer Fabrikantenfamilie, deren Name in Minden einen guten Ruf hat. Zu früh wurde er von dieser Welt abberufen. —er

Der Verkauf des gesamten der Familie Noll noch gehörenden Geländes erfolgte zum 1. Juli 1981 durch Ilse Noll, der Witwe von Robert Noll jun. als Haupterbin, durch Unterzeichnung der rechtsverbindlichen Verträge mit dem Mutterkonzern Gerresheimer Glashüttenwerke AG. Einen Teil davon übernahm die Glasfabrik Wittekind, inzwischen von ihr mit neuen Hallen bebaut. Den Rest mit Altgebäuden übernahm die Stadt Minden. Dieser Restteil wurde später der Mindener Kreisbahn (MKB) übergeben. Die MKB ließ 1990/91 die übrig gebliebenen Gebäude abreißen. Einen Teil dieses Restgeländes übernahm die Kanalverwaltung zur weiteren Sicherung des Kanaldamms. Ilse Noll starb nach einem erfüllten Leben am 24. Dezember 1997 in Hoya/Weser im Hause ihrer Tochter Ilse-Brigitte Rehling.

Dass nach dem Zweiten Weltkrieg so viele unglückliche Umstände einem Wiederaufbau gleichzeitig hinderlich entgegenstanden, die letzten Endes fast nur der geografischen Lage der Fabrik im Kreuzungsbereich des Mittelkanals mit der Weser anzulasten sind, ist sehr wahrscheinlich einmalig. Man führe sich noch einmal vor Augen:

- Trümmer und Blindgänger-Bomben mussten beseitigt werden.

- Der Grund und Boden des nach dem Kriegsende noch verfügbaren Fabrikgeländes war durch die Bomben und das auslaufende Kanalwasser so zerstört, dass er ohne geeignete und teure Stabilisierungsmaßnahmen für eine Aufnahme schwerer Lasten (Maschinen) nicht mehr geeignet war.

- Das letztlich noch vorhandene Fabrikgelände war für einen Wiederaufbau eigentlich zu klein; die ursprünglich vorteilhafte Lage, mit günstigen Verkehrsanbindungen an die Weser, den Kanal, an Schiene und Straße, erwies sich nun als zu stark eingeengt.

- Die bis zum Kriegsende noch im Besitz der Firma befindlichen Erweiterungsgebiete auf der östlichen Seite der Friedrich-Wilhelm-Straße waren nicht mehr verfügbar.

- Nur wenige der altbewährten Mitarbeiter konnten beim Wiederaufbau helfen und weiterhin in der Fabrik tätig sein; durch neue Kräfte waren sie kaum zu ersetzen.

- Die Marktlage hatte sich erheblich geändert. Zigarrenkisten wurden kaum noch in Auftrag gegeben, Spanplatten hatten Sperrholzplatten verdrängt.

Dass dem letzten Eigner, Robert Noll jun., eine geordnete und sozialverträgliche Abwicklung der Firma Gebr. Busch als Furnierwerk gelungen war, ist als beachtliche unternehmerische Leistung anzusehen.

Als ab ungefähr 1995 Furniere zur Beschichtung von Laminat-Fußböden, von Wandflächen und im Möbelbau gefragt waren, kam ein Neubeginn einer Produktion in der Firma Gebr. Busch nicht mehr in Frage, sie war schon lange handelsgerichtlich gelöscht. – Seit ungefähr dem Jahre 2000 existieren in Deutschland wieder rund 30 Furnierwerke mit zusammen ca. 1000 Angestellten. Sie beliefern nun die Möbelindustrie, den Innenausbau, das Tischlerhandwerk, den Bootsbau/Yachtbau und die Autoindustrie, siehe [24].

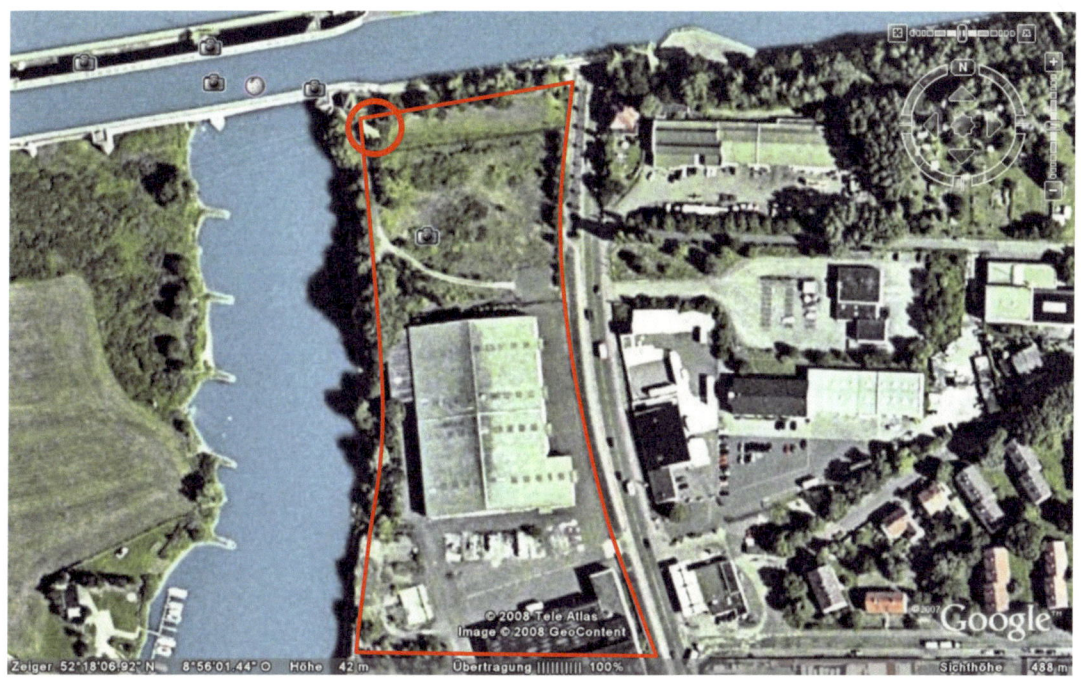

Google-Luftbild 2008 aus fast 500 m Höhe: Lage des Gedenksteins rot umkreist, rot umrandet das ursprünglich zusammenhängende Gelände der Firma Gebr. Busch

Nachbemerkung

Auf Seite 66 schrieb ich als Autor: „Man kann es als höchst ungerecht empfinden, dass ausgerechnet die Fa. Gebr. Busch in den letzten Jahren ihrer Geschichte so schreckliche Ereignisse wie die […] verheerenden Bombenangriffe durchstehen musste". – Natürlich ist auch keinem anderen Unternehmen ein solches Schicksal zu wünschen. Es gab immerhin tausende Fabriken in ungefähr gleicher Größe, die im Zweiten Weltkrieg vollkommen zerstört worden waren. Nur wenige davon konnten nach einem Wiederaufbau und einer Anlaufzeit mit ihrer Produktion in der alten oder in neuer Art weitermachen. Meistens mussten sie, wenn überhaupt möglich, komplett neu erbaut werden, oft an einem ganz anderen Ort. Unabhängig von den menschlichen Tragödien kam das den Eigentümern mit der Gelegenheit einer Modernisierung jedoch manchmal sehr gelegen. – Der Firma Gebr. Busch war so etwas aber leider nicht vergönnt. Am Ende des vorigen Kapitels sind die wichtigsten Gründe dafür aufgeführt.

Die drei Autoren haben in diesem Buch einige aus ihrer Kenntnis heraus gleiche Begebenheiten verschiedenartig dargestellt. Da die Unterschiede sich inhaltlich nicht widersprechen, sondern ergänzen, habe ich sie bewusst beibehalten, weil sie prinzipiell einer umfassenden Darstellung und damit dem Verstehen dienlich sind.

Die Leser dieses Buches werden wahrscheinlich den Eindruck gewonnen haben, dass meine eigenen Beschreibungen emotional geprägt sind. Sicher wird man die Gründe erkennen, ich bitte dafür um Verständnis. – Mit langjähriger beruflicher Erfahrung als Ingenieur und Gutachter sehe ich mich in der Lage, Vergleiche mit anderen Firmen anzustellen, wobei ich nur durch Eigentümer geführte mittelständische Unternehmen im Sinne habe. Hierbei steht die Firma Gebr. Busch mit ihrer 120-jährigen Geschichte in einer herausragend guten Position. Dass dieses möglich ist, verdankt sie, neben den beschäftigten treuen und verlässlichen Männern und Frauen, den Gründer- und Inhaberpersönlichkeiten, die in den folgend genannten Zeitabschnitten als Gesellschafter an der Geschäftsführung der Fa. Gebr. Busch beteiligt waren:

Johann Heinrich Busch	1845 – 1884	Firmengründung u. Leitung,
Julius Busch	1845 – 1884	Firmengründung u. Leitung,
Robert Noll sen.	1874 – 1884	weiterer Ausbau u. Leitung,
"	1884 – 1917	alleinige Leitung,
Carl Strathmann	1886 – 1945	Werkmeister, Leitung der Technik,
Friedrich Noll	1917 – 1958	alleinige Leitung,
Robert Noll jun.	1958 – 1971	alleinige Leitung u. Abwicklung,
Jürgen Noll	1971 – 2011	Verwaltung d. Geschäftsunterlagen, Übergabe des Firmenarchivs an das Kommunalarchiv Minden.

Vielleicht ist es gelungen, mit dieser Veröffentlichung ein „Hohes Lied" auf die Geschichte des hier beschriebenen Unternehmens anzustimmen, das trotz mehrerer harter Schicksalsschläge erfolgreich war und auch heute noch in jeder Hinsicht als vorbildlich gelten kann.

Einen Gedenkstein, der an die Zerstörung der Fabrik Gebr. Busch am 26. Oktober 1944 erinnert, findet man in der Ecke der Kreuzung des Mittellandkanals über die Weser. Man gelangt dorthin am einfachsten von der Friedrich-Wilhelm-Straße aus, wenn man südlich, kurz vor der Straßenunterführung des Kanals, die Treppe am Fuß des Kanaldamms aufsteigt und zur Weser geht.

Der Text auf dem Stein bedarf einiger Korrekturen: Die Reste der Zigarrenkistenfabrik Gebr. Busch existieren seit langem nicht mehr, es gab weit mehr als 80 Tote, und die zu Tode gekommenen Deportierten stammten aus verschiedenen Ländern Osteuropas. Auf der nächsten Seite ein Vorschlag für eine Änderung:

HIER BEFAND SICH DIE
ZIGARRENKISTENFABRIK GEBR. BUSCH,
DIE BEI EINEM LUFTANGRIFF ALLIIERTER FLUGZEUGE AUF DIE
KANALÜBERFÜHRUNG AM 26. OKTOBER 1944 ZERSTÖRT WURDE.
DABEI STARBEN ÜBER 80 MÄNNER UND FRAUEN DURCH BOMBEN
ODER IM WASSER, DAS AUS DEM MITTELLANDKANAL NACH EINEM
TREFFER IN DEN KANALDAMM IN DIE LUFTSCHUTZKELLER STRÖMTE.
DARUNTER AUCH AUS DEN BESETZTEN OSTGEBIETEN DEPORTIERTE
FRAUEN UND RUSSISCHE KRIEGSGEFANGENE.

Hamburg, September 2014   Hermann Flessner

Anhang

Zu dieser Luftaufnahme [38] siehe auch Nordsiek [1], dort Seite 160.

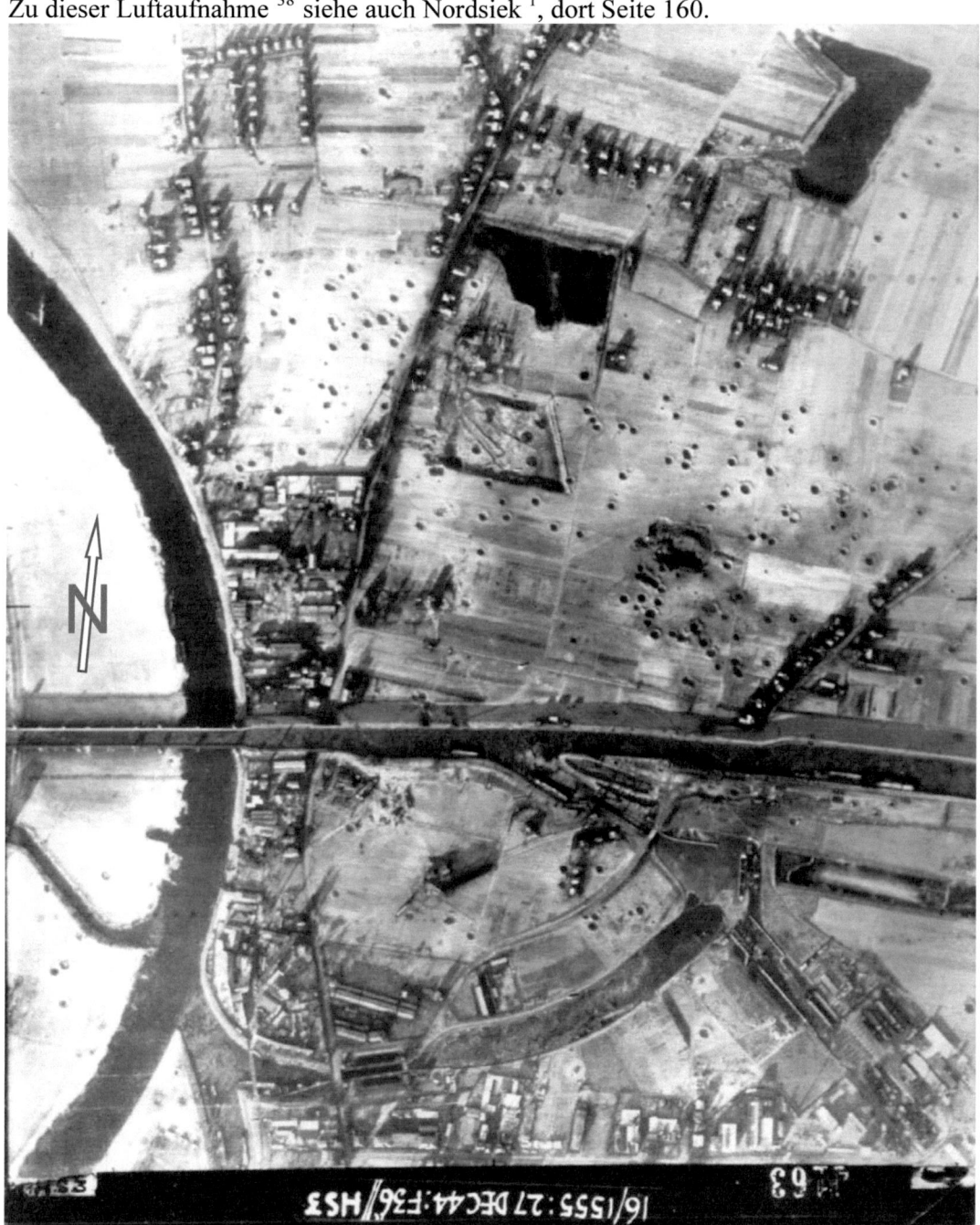

Daten zur Geschichte der Zigarrenkistenfabrik Gebr. Busch (1845 bis 1965)

1. Januar 1845	gilt als Gründungsdatum der Firma Gebr. Busch, Johann Heinrich und Julius Busch gründen das Dampfsägewerk
6. Februar 1867	das Fabrikgebäude der Dampfsägerei und die Zigarrenkistenfabrik in der Mindener Innenstadt werden durch einen Brand zerstört
ab 1867	Verlegung der Zigarrenkistenfabrikation an das rechte Weserufer
1. April 1874	Robert Noll sen. wird als Gesellschafter in die Firma aufgenommen, damit kommt der Name Noll in die Firma Gebr. Busch
4. August 1874	heiratet Robert Noll Elise Busch, Tochter des Johann H. Busch
10. September 1882	Robert Noll sen. übernimmt die alleinige Geschäftsführung
1886	Carl Strathmann, Großvater des Autors, tritt als Werkmeister und Teilhaber in die Firma ein
1897	Explosion eines Dampfkessels
16. Januar 1905	Robert Noll sen. wird zum Königl. Preußischen Kommerzienrat ernannt
1909	Friedrich Noll jun. wird als Teilhaber in die Firma aufgenommen
1911	Brand in der Firma
1917	Kommerzienrat Robert Noll übergibt die Firma an seinen Sohn Friedrich
24. September 1930	Gründung der Filiale in Offenburg/Baden
Oktober 1936	Carl Strathmanns 50-jähriges Dienstjubiläum wird gefeiert
26. Oktober 1944	der verheerende Bombenangriff auf die Kanalbrücke, der viele Mitarbeiter der Firma tötet und die Fabrik zerstört
6. Nov. 1944	ein weiterer Bombenangriff auf die Kanalbrücke
Januar 1949	Wiederbeginn der Produktion von Furnieren
1. Januar 1958	Friedrich Noll übergibt die Firma an Robert Noll jun.
31. Oktober 1965	die Produktion wird eingestellt
1. Juli 1981	Verkauf des restlichen Firmengeländes durch Ilse Noll

Findbuch aus dem Kommunalarchiv Minden, Stadt Minden, WU 7
(Gebrüder Busch, Zigarrenkistenfabrik / Furnierwerk)   *Chronologisch aufgelistet*

24	Grundstücksangelegenheiten der Fabrik Gebrüder Busch Enthält u.a. Käufe und Verkäufe von Grundstücken, 1841-1922; Katasterauszüge und Grundbucheinträge, 1841-1922	1818, 1841-1922
30	Briefköpfe der Firma Gebrüder Busch Enthält u.a. Karte der Firma Gebrüder Busch mit Neujahrswünschen, 1845	1845, ca. 1890 - ca. 1950
1	Kassenbuch, sortiert nach Kunden Enthält auch: Jahresabschlüsse, 1856-1899	1848 - 1899
12	Fotoalbum Enthält u.a. Porträts der Firmengründer und Firmeninhaber, o.D. (ohne Datum); Fotografien vom Fabrikgelände, o.D.; Fotografien der fabrikeigenen Wohnhäuser, o.D.; Fotografien der Filiale in Offenburg a.N., o.D.; Innenansichten der Fabrikhallen in Offenburg a.N., o.D.; Fotografien vom Holztransport in Afrika, o.D.; Innenansichten der Fabrikhallen in Minden, o.D.; Belegschaften, o.D.; Aufmärsche der Belegschaften, o.D.; Teilnahme der Belegschaft an der Kundgebung zum 1. Mai, [1934]; Brand, 1911	um 1848 - um 1944
29	Beendigung der Tätigkeit Friedrich Nolls bei Theodor Rocholl und Ausbildung Robert Nolls in Halberstadt	1874 - 1960
2	Inventurbuch	1874 - 1884
32	Inhaber und Prokuristen der Zigarrenkistenfabrik Gebrüder Busch Enthält u.a. Aufnahme Robert Nolls als Teilhabers, 1. Apr. 1874; Ausscheiden von Johann Heinrich Busch und Julius Busch und Alleininhaberschaft Robert Nolls, 10. Sept. 1884; Prokura für Friedrich Noll, 5. Okt. 1903; Aufnahme Friedrich Nolls als Teilhabers, 1. Jan. 1909; Prokura für Robert Noll jun. in den Niederlassungen in Minden und Offenburg a.N., 4. Juli 1939; Aufnahme Robert Nolls jun. als Teilhaber und Prokura für Karl Röbke, Juli 1939; Ausscheiden Friedrich Nolls, Alleininhaberschaft Robert Nolls jun. und Handlungsvollmacht für Friedrich Büsching, Juni 1958; Einzelprokura für Jürgen Noll und Friedrich Büsching, 23. Sept. 1960	1874 - 1960
26	Übernahme der Zigarrenfabrik Leonhardi & Noll durch Friedrich Noll Enthält u.a. Vorberedungen über die Übernahme der Zigarrenfabrik Leonhardi & Noll durch Friedrich Noll, 10. Jan. 1876; Festgestellte Verluste seit dem 15. März 1876, 1876	1876 - 1878
7	Kassenbuch, sortiert nach Kunden	1884 - 1899
25	Erbangelegenheiten der Familien Busch und Noll Enthält u.a. Testament des Johann Heinrich Busch, 29. Mai 1888; Grabstätte auf dem Alten Friedhof Minden, 1888 u. 1926	1886 - 1926

| 27 | Maschinen zur Holzbearbeitung | 1887 - 189 |

Enthält u.a. Patentschrift Nr. 41710 über die "Maschine zur Nachahmung der Textur edler Hölzer" von Robert Noll, 5. Dez. 1887; Patenturkunde Nr. 41710 für Robert Noll über die "Maschine zur Nachahmung der Textur edler Hölzer", 7. Dez. 1887; Kostenvoranschläge für Maschinen zur Holzbearbeitung, 1890; Patentschrift Nr. 70913 über die "Vorrichtung zum Trocknen, insbesondere von Holz" von Adolph Schaffenius aus Berlin, 7. Sept. 1893

31 Explosion eines Dampfkessels — 1897 - 1898
Enthält Gutachten, 2. Apr. 1897, 19. Mai 1897 u. 30. Jan. 1898

4 Kassenbuch — 1898 - 1929
Enthält auch: Maschineninventar, 1898-1914; Bilanzen, 1913-1929

9 Sammlung von Zeitungsartikeln zur Firma Gebrüder Busch sowie Drucksachen zu den Familien Busch und Noll — 1899 - 1971, 1997

13 Fotoalbum — um 1900/1910, 1944, 1956
Enthält Fabrikgebäude mit Belegschaften, um 1900/1910; Zerstörungen nach der Bombardierung vom 26. Okt. 1944, 1944; Fabrikgebäude des Furnierwerks, 1956

22 Dankschreiben und Glückwunschschreiben an Kommerzienrat und Fabrikbesitzer Robert Noll — 1902 - 1927
Enthält Dank der Stadt Minden für Stiftung eines Ehrenbechers, 4. Jan. 1902; Dank für die Stiftung zur Gestaltung der Kapelle auf dem Nordfriedhof, 25. Juni 1910; Dank für die "Stiftung der Eheleute Kommerzienrat Noll" zum Bau der Flussbadeanstalt, 1. Aug. 1912 u. 13. Febr. 1914
Darin u.a. Verleihung des Verdienstkreuzes für Kriegshilfe, 24. Aug. 1917

10 Aktueller unorganischer Aufbau und zweckmäßiger organischer Aufbau der Firma — um 1910
Enthält Darstellung und zwei Pläne, um 1910
Lagepläne müssen mit Japanpapier gefestigt werden, Sch

28 Arbeitsordnung und Betriebsordnung für die Firma Gebrüder Busch — 1921 - 1934
Enthält Arbeitsordnung für den Bezirk der Arbeitsgemeinschaft Bünde - Herford - Minden für die Firma Gebrüder Busch, 1921-1922; Betriebsordnung für die Firma Gebrüder Busch Minden i. Westf., 1. Okt. 1934

8 1921 – 1934 — 1928 - 1929

5 Zusammenstellung der Maschinentaxe — 1928, 1932
Enthält auch: Lageplan der Fabrik, 21. Juni 1928
Darin Schreiben des Ingenieurs Carl Kölling, Bad Oeynhausen, wegen abgeänderter Maschinentaxe, 26. Jan. 1932

11 Flurkarten und Lagepläne zum Fabrikgelände — o.D., 1932 - 1953

17 Einheitswert- und Grundsteuermessbescheide für die Grundstücke und Gebäude der Firma Gebrüder Busch an der Friedrich-Wilhelm-Straße 90 und 113-117 — 1932 - 1980

18	Verkauf von Grundstucken für den Ausbau des Mittellandkanals und Entschädigungverfahren für das Grundstück Friedrich-Wilhelm-Str. 90 Enthält u.a. Verkauf des Grundstücks und Gebäudes Friedrich-Wilhelm-Str. 90, 1974-1975; Aufrisse und Grundrisse des Fabrikantenwohnhauses Friedrich-Wilhelm-Str. 90, 1953 Darin u.a. Versicherungsschein der Westfälischen Provinzial-Feuersozietät für das Gebäude Friedrich-Wilhelm-Str. 90, 24. März 1937	1932 - 1986
19	Bilanzen Enthält Bilanzen, 1939, 1941-1943 u. 1945- 1958 Darin Betriebsprüfungen, 1949/50 u. 1958	1939 – 1959
3	Warenzugangsbuch	Jan. - Sept. 1944, Aug. - Sept. 1948, Jan. 1949 - Juli 1965
16	Hauptentschädigung für Kriegssachschäden der Firma Gebrüder Busch	1946 - 1975
6	Schadensabschätzung der durch Bombenangriff am 26. 10. 1944 zerstörten Fabrik der Firma Gebrüder Busch Zigarrenkistenfabrik Minden i. Westf. Friedrich-Wilhelm-Straße 117	Apr. - Mai 1947
33	Grundbuchsachen, Grundstücksangelegenheiten und Wertschätzung von Gebäuden der Fabrik Gebrüder Busch Enthält u.a. Verkauf von Grundstücken an die Gerresheimer Glashüttenwerke AG	1948
20	Berichte über Jahresabschlüsse Enthält Berichte über Jahresabschlüsse, 1959-1964	1959 - 1965
14	Grundstücksangelegenheiten Enthält u.a. Verkauf von Grundstücken an der Friedrich-Wilhelm-Str. 90 an das Wasserstraßenamt Minden, 1972, 1981; Vermietung des Grundstücks Friedrich-Wilhelm-Str. 113-117 an die Gerresheimer Glashüttenwerke AG samt Vorkaufsrecht, 1965, 1976, 1980; Lagepläne des Werksgeländes Gebrüder Busch, o.D., 1961, 1965; Darlehen des Gerresheimer Glashüttenwerke AG für Robert Noll, 1965; Tilgung des Darlehens der Gerresheimer Glashüttenwerke AG, 1976; Übertragung des Vertrags der Gebrüder Busch mit den Mindener Kreisbahnen wegen Privatanschlussgleis vom 1. Juli 1948 an die Glashütte Wittekind, Zweigwerk der Gerresheimer Glashüttenwerke AG, 30. Nov. 1965; Gutachten über den Grundstückswerk des Firmengeländes Gebrüder Busch, 6. Nov. 1964	1961 - 1980
21	Bilanzen Enthält Bilanzen, 1965-1981	1965 - 1982
15	Wohnungs- und Teileigentum von Ilse Noll an der Hedwigstr. 4	1974 - 1998
23	Erinnerungen an die Firma Gebrüder Busch von Jürgen Noll Kopie	2009

Quellen und Anmerkungen

Verwendete Texte, Bilder, Dokumente und Zeichnungen, die in der folgenden Liste nicht angegeben sind, befinden sich im Privatbesitz der Familien Flessner oder Noll.

---

[1] Nordsiek, Hans, Die verdunkelte Stadt, J.C.C. Bruns Buchverlag, Minden, 2. Aufl. 2005.

[2] Kauffeld, Robert, Im Fabrikbunker ertranken viele Menschen, Mindener Tageblatt, Nr. 249, 26.10.2011, Lokales.

[3] BAU- UND KUNSTDENKMÄLER VON WESTFALEN, Band 50 • STADT MINDEN Teil V, Minden außerhalb der Stadtmauern, Klartext-Verlag Essen, 1998, ISBN 3-88474-635-9;
„IX Die Neustadt – Zur Siedlungsgeschichte des rechten Weserufers".

[4] Kommunalarchiv Minden (KAM), Kartensammlung.

[5] Momburg, Rolf, Die Zigarrenmacher, Verlag Kurt Meyer, 32609 Hüllhorst, 1996.

[6] Internet http://www.schustercigars.de .

[7] Internet http://www.hacico.de.

[8] Internet http://wiki-de.genealogy.net/Zigarrenfabrik .

[9] Zu diesem Sachverhalt gibt es in [3] auf S. 1424 allerdings widersprüchliche Darstellungen, die mit den Unterlagen der noch lebenden Nachkommen der Familie Noll und den Dokumenten zur Geschäftsübernahme durch Robert Noll sen. als alleinigem Inhaber nicht übereinstimmen. Denn die Kistenfabrik am Kleinen Domhof 8 gehörte zu der Zeit noch ausschließlich den Gründern, den Brüdern Johann Heinrich und Julius Busch. Robert Noll sen. war damals 21 Jahre alt und wurde erst sechs Jahre später Teilhaber, nach seiner Heirat, also nach 1874.

[10] In seinem Familienbuch ist der Taufname *Carl*. In öffentlich zugänglichen Dokumenten, Zeitungsartikeln etc., wird aber fast immer *Karl* geschrieben. Im vorliegenden Text wird die Schreibweise Carl beibehalten.

[11] Das war damals das von Handwerkern mit beruflichem Ehrgeiz eingehaltene Ritual der Zimmerleute. Es war auch Voraussetzung, wenn man sich als Meister niederlassen wollte. Carl Strathmann gehörte zur Zunft der besonders traditionsbewussten und angesehenen »Hamburger Maurer und Zimmerleute«.

[12] Offensichtlich handelten Robert Noll und seine Familie schon vor 120 Jahren stets nach einer Devise, die immer noch gilt und in jüngster Zeit der Volkswirtschaftsprofessor und ehemalige Leiter des Hamburgischen Weltwirtschaftsinstituts (WWI), Prof. Thomas Straubhaar, in einem Interview besonders hervorgehoben hat: „Zufriedene Arbeitnehmer sind das größte Kapital der Unternehmen"; **Die Zeit**, Nr. 22 vom 22.05.2014, S. 24.

[13] „Sicherheitskontrolle" in *Technik, Ingenieure und Gesellschaft – Geschichte des Vereins Deutscher Ingenieure 1856 - 1981,* VDI-Verlag GmbH, Düsseldorf, 1981, S. 75 ff.

[14] KAM, WU7, Nr. 31, Gutachten im Nachlass Zigarrenkistenfabrik Gebr. Busch, J. Noll.

[15] KAM, WU7, Nr. 27, Nachlass Zigarrenkistenfabrik Gebr. Busch, J. Noll, Patenturkunde des Deutschen Reiches Nr. 41710 vom 5. Dez. 1887.

[16] Lissenko, Lew Michailowitsch, Die russische Holzbaukunst, VEB Verlag für Bauwesen, Berlin; 240 Seiten. © 1989 beim Verlag Georg D.W. Callwey, München.

[17] Etrich-Taube – aus Wikipedia, der freien Enzyklopädie.

[18] Bei Interesse Weiteres aus Wikipedia, der freien Enzyklopädie unter »Carlos Germán Enrique Strathmann, Colon E.R. Argentina«.

[19] Mindener Tageblatt v. 14. 5. 1927, „Kommerzienrat Noll 80 Jahre alt"

[20] KAM, WU7, Nr. 9, Nachlass Zigarrenkistenfabrik Gebr. Busch, J. Noll.

[21] KAM, WU7, Nr. 32, Nachlass Zigarrenkistenfabrik Gebr. Busch, J. Noll.

[22] Die Einheit *atü* ist in Deutschland seit dem 5. Juli 1970 nicht mehr zugelassen. Für Druck gilt die SI-Einheit Pascal, Abk. = Pa. (oder außerhalb des SI: 1 bar = 10^5 Pa). Hier reicht es zu wissen, dass ein Wasserdampfdruck in einem geschlossenen Kessel bei einer Dampftemperatur von 180^0 Celsius gemeint ist.

[23] Wagner, A., Großmann, B. Lehrbuch für Zimmerer, Teil 2 Verlags- und Druckhaus Gebr. Jänicke, Hannover 1949.

[24] Furnier – aus Wikipedia, der freien Enzyklopädie.

[25] Ebd.: Aucoumea klaineana.

[26] Ebd.: Cedro odorata.

[27] … aus dem Privatbesitz von Jürgen Noll.

[28] … leider wegen der Wasserschäden durch den Bombenagriff am 26.10.1944 in so schlechter Qualität, dass sie als Druckvorlagen für dieses Buch nicht reproduzierbar sind.

[29] … so aus meinem übrigens miserablen Zeugnis der BOS abgeschrieben.

[30] Diese Einheiten (offiziell »Bewährungsbataillon 500«) gab es in unterschiedlichen Formationen. In ihnen sollten kriminelle, vor allem aber politisch unbequeme Zeitgenossen die Gelegenheit erhalten, sich in gefährlichen Einsätzen zu bewähren. Oft waren es „Himmelfahrtskommandos".

[31] Zu dieser Begebenheit mit den Fesselballons (beim Militär offiziell „Sperrballons" genannt) schrieb der Autor Dr. Nordsiek, weil in seinem Buch [1] (auf S. 135, 3. Absatz von oben) ein Leser Nordsiek einen Hinweis gegeben hatte, dessen zeitliche Einordnung nicht stimmen kann.

[32] Hier muss der Augenzeuge aus Minden Reinhard Plieth irren, siehe Fußnote 379 auf S. 135 des Buches [1]. Jedenfalls ist die Darstellung in der Chronik der Oberschule für Mädchen von 1951 sicher kein Gerücht. Herr Plieth wird Blitzeinschläge des Gewitters Anfang Juli 1944 in Erinnerung gehabt haben, über das in diesem Buch auf Seite 82 berichtet wird.

[33] Das Abfallholz war, neben den vielen kleingeschnittenen Resten der Furnierblätter, der innere Kern der Stammabschnitte, die beim Schälen der Furnierblätter übrigblieben. Auf Seite 55 ist im oberen Bild zu sehen, wie weit bis zu den zentrierenden Spannklauen abgeschält werden kann. Diese übrig gebliebenen runden Stangen des Kerns wurden auf Ofenlänge abgesägt und mit einem Beil gespalten. Das Holz war trocken und brannte deshalb bestens.

[34] Das war übrigens ein komplizierter Zustand. Werkmeister Strathmann hatte keine Prokura, wohl nicht einmal Handlungsvollmacht. Handlungen oder Weisungen, für die er rechtsverbindlich hätte unterschreiben müssen (er hatte übrigens eine sehr schöne und leserliche Handschrift), regelte er stets mit einem der Herren Noll, die machten dann alles für ihn. Und die machten offensichtlich in technischen Dingen auch nichts, was sie mit ihm nicht vorher abgestimmt hatten. Dieses wurde dem Autor Flessner 1979 von dem Hamburger Holzkaufmann Pielstick erzählt, der als junger Kommis in der Holzhandlung seines Vaters um 1928 die Firma Gebr. Busch in Minden öfter besuchte, um Holz zu verkaufen. Er kannte Werkmeister Strathmann zur Überraschung des Autors recht gut.

[35] Das stimmt nicht ganz; denn das eine Flakgeschütz auf dem südliche Strompfeiler war zerstört und die Plattform darunter ebenfalls, s. Seite 79 u. 85. – Dem Autor Flessner wurde außerdem wenige Tage nach dem Angriff von SHD-Leuten (Sicherheits- und Hilfsdienst) berichtet, dass auch der Trog der Kanalbrücke oberhalb des Strompfeilers stark beschädigt war. Er musste umfänglich repariert werden, bevor wieder Wasser eingelassen werden konnte. Jedoch konnte der Schaden schon früher entstanden sein. Letzteres wurde dem Autor 1952 von Willi Schock, der in der die Reparatur ausführenden Fa. Polensky & Zöllner AG Polier war, bestätigt.

[36] Internet http://www.Mittellandkanal. Man nannte die ostelbischen Agrarier, also die Großgrundbesitzer, „Kanalrebellen".

[37] Internet http://www.Dankersen/MLK/Dammbruch.

[38] … vom Kampfmittelräumdienst über den Heimatverein Leteln erhalten. Archiviert auch im KAM.

[39] Erstellt von M. Schulte, KAM.